Hermann Josef Roth

Aasgeier bis Zwiebelfisch

Ein Gänsemarsch mehrdeutiger Tiernamen

IFB Verlag Deutsche Sprache GmbH

Bibliographische Information der Deutschen Bibliothek:

Die Deutsche Bibliothek verzeichnet diese Publikation in der Deutschen Nationalbibliographie: detaillierte bibliographische Daten sind im Internet über http://dnb.ddp.de abrufbar.

Erste Auflage 2018

Copyright © 2018 by
IFB Verlag Deutsche Sprache GmbH
Schulze-Delitzsch-Straße 40, D – 33100 Paderborn
Alle Rechte vorbehalten.
Nachdruck – auch auszugsweise –
nur mit Genehmigung des Verlages.
Druck: Janus Druck, Borchen

ISBN 978-3-942409-79-7

Hermann Josef Roth

Aasgeier bis Zwiebelfisch

Ein Gänsemarsch mehrdeutiger Tiernamen

Inhaltsverzeichnis

Vorwort

Dem Erfindungsreichtum unserer Sprache verdanken wir unter anderem Wörter, die aus zwei Begriffen zusammengesetzt sind. Im Bereich der Zoologie finden wir eine Fülle von bildhaften Kompositionen, die zwei bis mehrere Deutungen solcher Wörter erlauben und in verschiedene bis unerwartete Wissensgebiete führen.

- Das Eselsohr ist am Kopf des Esels oder in einem Buch zu finden,
- der Fuchs ist ein Säugetier oder ein Schmetterling,
- der Hasenfuß gehört Meister Lampe oder benennt einen ängstlichen Menschen,
- die Hundszunge finden wir im Maul des Hundes sowie im Bereich der Botanik,
- der Backfisch kann gegessen werden oder er selbst kann essen.

Manchmal ist auch nur eine einzige, unerwartete Deutung möglich. Dabei sind wir vor Überraschungen nicht gefeit:

- Der Goldfisch ist ein Fisch,
- der Walfisch ist ein Säugetier,
- der Silberfisch ist ein Insekt.

Zuweilen sind die Körper nicht aus Fleisch und Blut oder Chitin und Bindegewebe, sondern aus anorganischem Material. Der Fleischwolf und die Laufkatze sind aus Metall gefertigt, der Aktenhund aus Holz.

Wie unterscheiden sich die Landratte, die Leseratte, die Wanderratte und die Wasserratte?

Was für Tiere sind der Brummbär, der Seebär, der Waschbär oder der schwarze Bär? Die Zoologie kennt eigentlich nur den Braunbär, den Eisbär und den Grizzlybär.

Welcher Unterschied besteht zwischen der Fortbewegungsart einer Laufkatze und der des Laufenden Hundes?

Wussten Sie, dass Waldrappen Vögel sind und der Waldvogel ein Schmetterling ist?

Noch bunter wird es, wenn wir tierische Organe und Körperteile betrachten.

Zu solchen, die neben der ursprünglichen Bedeutung einen weiteren Begriff beinhalten, gehören beispielsweise:

- Der Hahnenfuß – eine giftige Pflanze,
- das Hühnerauge – eine Plage an menschlichen Zehen,
- der Schafkopf – ein Kartenspiel,
- der Fuchsschwanz – eine Handsäge,
- der Löwenzahn – eine Pflanze aus der Familie der Korbblütler.

Gleich mehrere Bedeutungen haben Doppelwörter wie etwa das Elefantenohr, das als Trivialnamen für Objekte aus dem Pflanzenreich, dem Tierreich und der modernen Schreibkultur benutzt wird.

Wer von uns weiß, dass es neben den bekannten Hunderassen noch weitere gibt, die nicht in Brehms Tierleben genannt werden: Aktenhund, Grubenhund, Himmelhund, Höllenhund, Kalter Hund, Laufender Hund.

Besonders ergiebig sind die Organe und Körperteile sowie die Aktionen der Katze: Katzenauge, Katzenbuckel, Katzenjammer, Katzenmusik, Katzenpfötchen, Katzenschwanz, Katzentisch, Katzenwäsche, Katzenzungen.

Zu janusköpfigen zoologischen Begriffen gelangt man auch bei der Betrachtung tierischer oder den Tieren untergejubelter Eigenschaften:

– Diebische Elster,
– Falscher Hase,
– Grauer Star,
– Laufender Hund,
– Schwarzes Schaf,
– Spanische Fliege.

Auf Verben und Adjektive, die einen Tiernamen enthalten – wie aalen, büffeln oder hamstern bzw. aalglatt, bärenstark oder hundemüde – wird verzichtet, um den Rahmen des kleinen Buches nicht zu sprengen. Gleiches gilt für Namen von Städten und Ortschaften – wie Finkenwerder, Ochsenfurt oder Wolfsburg.

Es müssen nicht immer zusammengesetzte Wörter sein, die mit einem kuriosen zweiten Sinn behaftet sind. Denken wir an die Ente, den Kater, den Krebs, den Kuckuck, den Star, die Wanze oder den Wolf als Symbole der Metaphorik.

Erstaunliches erfahren wir auch in zahlreichen Romanen und Märchen, die mit einem Tiernamen betitelt sind. Stellvertretend für alle sollen hier nur eine Kurzgeschichte von Edgar Allen Poe und ein Roman von Jack London, sowie drei Märchen der Gebrüder Grimm genannt werden.

Wenn im Titel des Buches von Tiernamen die Rede ist, so darf das nicht zu eng verstanden werden. Neben den zusammengesetzten (wie Aasgeier oder Angsthase) und einfachen Tiernamen (wie Affe oder Bulle), werden auch einbezogen:

- Tiereigenschaften (wie Diebische Elster oder Falscher Hase),
- Tierorgane (wie Katzenauge oder Drachenmaul),
- Gliedmaßen von Tieren (wie Gänsefuß oder Fuchsschwanz),
- Tieraktivitäten (wie Gänsemarsch oder Hammelsprung),
- Begriffe, die ein „Tier" enthalten (wie Flohmarkt oder Kuhhandel) und schließlich auch
- Begriffe, die keinen „Tiernamen" enthalten (wie Dompfaff oder Maulwurf), von denen man aber weiß, dass sie Tiere benennen.

Was hier über die Herkunft der doppeldeutigen, dubiosen und kuriosen Worte aus dem Tierreich gesagt wird, ist zwar nicht immer aktenkundig, dürfte trotzdem meistens zutreffen, kann also durchaus wahr sein – und wenn nicht – dann ist es amüsant und unterhaltsam.

Die zitierten Synonyme (Wörter von gleicher oder ähnlicher Bedeutung) stellen eine subjektive Auswahl des Autors dar. Wenn es sinnvoll und möglich erscheint, werden auch Antonyme (Gegensatzwörter) genannt.

Die unterschiedliche Länge der einzelnen Artikel hängt von der Ergiebigkeit der verfügbaren Quellen (siehe Referenzen und weiterführende Literatur am Schluss des Buches) und von der literarischen Bedeutung des kommentierten Begriffes ab.

Sofern geläufige Redensarten passend und verständlich sind, werden sie aufgeführt.

Wissenschaftliche Namen von Tieren und Pflanzen werden kursiv geschrieben und nur dann gebraucht, wenn es sinnvoll oder notwendig erscheint, etwa um Verwechselungen zu vermeiden.

Die wiedergegebenen Namen und Begriffe sind in alphabetischer Reihenfolge angeordnet, womit sich ein Register erübrigt.

Unser Alphabet beginnt bekanntlich mit A. Also wird auch der folgende verbale Reigen mit A beginnen. Adlerauge wäre ein schönes, positiv qualifiziertes Wort. Leider kommt aber vor der Silbe Ad das Präfix Aa.

Ich bedauere, dass wir daher mit einem Aas-fressenden Tier beginnen müssen. Auch der Schluss des verbalen Gänsemarschs wird von einem nicht sehr appetitlichen Fisch gebildet. Ich hätte dort lieber die heitere Zimtziege gesehen, doch Zi kommt vor Zw.

Herbst 2018
Hermann Josef Roth

Aasgeier

Wie der Name vermuten lässt, sind es Geier, die sich von Aas ernähren. Wie ekelhaft! Fairerweise sollte man jedoch erwähnen, dass sie damit die Natur von verwesenden Kadavern entsorgen. Unsere findige Umgangssprache hat dem unappetitlichen Begriff noch eine andere Bedeutung verliehen und benennt damit einen Menschen, der dazu neigt, sich am Unglück Anderer zu bereichern.
Synonyme: Ausbeuter, Blutsauger, Halsabschneider

Adlerauge

Adler und andere Greifvögel wie Falken oder Bussarde können 7 bis 8-mal weiter und besser sehen als Menschen.
Wenn von einem Menschen gesagt wird, er hätte Adleraugen, so meint man, er könnte besser, schärfer und durchdringender sehen als andere. So ein Mensch war bei Karl May ein Indianer, dem er den Namen Adlerauge gab.
Redensarten: Adlerauge, sei wachsam.

Adlernase

Außer durch seine durchdringenden Augen fällt der Adler durch seinen schwungvoll gekrümmten Schnabel auf.
Naheliegend ist, dass man die ähnlich geformte Nase eines Menschen Adlernase nennt.

Affe

ist in der Sprache der Soldaten eine Bezeichnung für den Tornister, benannt nach dem Affen, der von Gauklern auf der Schulter getragen wird.
Andererseits ist Affe im deutschen Sprachgebrauch ein Synonym für Narr.

Affenfraß

Da den Affen alles Mögliche zum Fressen angeboten wird und die Qualität dabei von untergeordneter Bedeutung ist, bedeutet Affenfraß minderwertiges Essen.

Affengriff

Da die Affen sehr geschickt im Greifen von Gegenständen sind, nennt der Computerbenutzer das schwierige gleichzeitige Drücken von drei verschiedenen Tasten auf der Tastatur Affengriff. Im Notfall muss man dazu beide Hände benutzen.

Affenhitze

Affen besitzen extreme Eigenschaften. Sie sind extrem schnell und können extrem gut klettern. Daraus ergibt sich: Extreme Hitze = Affenhitze. In den Affenhäusern der Zoologischen Gärten ist es oft wärmer als in ihrer Umgebung. Davon könnte die Redensart „Hitze wie im Affenhaus" abgeleitet sein und deren Vereinfachung zu Affenhitze.

Affenliebe

ist eine durch Übertreibung schädliche Kinderliebe. Äffinnen lieben ihr Junges abgöttisch und herzen es zuweilen so sehr, dass es erstickt.

Affenliebe ist in der Umgangssprache ein Begriff für übertriebene und dadurch unvernünftige, zuweilen auch schädliche Liebe von Eltern zu ihren Kindern.

Affenschande

nennt man eine unerhörte, empörende, große Schande. Redensart: Das ist eine wahre Affenschande.

Affenschaukel

Das Wort hat mehrere Bedeutungen, wobei mir der Spitzname für die Schützenschnur der NVA (Nationale Volksarmee) am originellsten erscheint. Sie wurde als Auszeichnung an Soldaten verliehen und diente zum Anheften von Orden. Der Volksmund würde eine geflochtene Schnur mit daran baumelden Ordensmedaillen „affig" nennen.

Ferner bedeutet Affenschaukel eine Überschlagsschaukel, eine Frisur mit zwei hochgesteckten Zöpfen und das Schriftzeichen @.

Andere Bezeichnungen für das @ lauten Elefantenohr und Klammeraffe (s. dort).

Affenzahn

Affenzahn bedeutet sehr hohe Fahrtgeschwindigkeit.

Affentempo = sehr hohes Tempo.

Affen können sich extrem schnell bewegen.

Redensart: Mit affenartiger Geschwindigkeit.

Affenzirkus

Ein Affenzirkus kann auch ohne Affen vollführt werden. Man bezeichnet damit ein unsinniges Geschehen, eine Narretei, eine unnütze Aufregung.

Beim Beobachten von Affen im Käfig oder im Freigelände fällt auf, dass sie oft für uns unsinnig erscheinende, ungeordnete Bewegungen vollführen und planlos durch die Gegend hüpfen, wovon man den Begriff Affenzirkus ableiten kann.

Synonym: Affentheater.

Aktenhund
Der Aktenhund ist ein fahrbares Beistellregal oder ein mit Rollen ausgestatteter kleiner Aktenschrank, mit dem man Handakten an den Arbeitsplatz befördern oder von dort wieder abholen kann.

Amtsschimmel
Für diese kritische Bezeichnung einer übertriebenen Bürokratie existieren verschiedene Deutungen.
Im Österreich (zu Zeiten der Monarchie) nannte man einen vielseitig verwendbaren Standard-Vordruck *simile.* Ein Beamter, der häufig von diesem Muster Gebrauch machte, wurde als *Similereiter* bezeichnet. Daraus wurde dann „Schimmelreiter" und sein Pferd zum Amtsschimmel.
In der Schweiz wurden noch im 19. Jahrhundert amtliche Akten durch berittene Boten zugestellt. *Auf dem obrigkeitlichen Schimmel herum reiten* war eine Redensart zur Kennzeichnung für ein Übermaß an Bürokratie.
Schließlich wurde auch der weiße Staub auf gelagerten Akten, der wie Schimmel aussieht, Amtsschimmel genannt.
Den Amtsschimmel reiten bedeutet sich bürokratisch zu verhalten.
Redensart: Der Amtsschimmel wiehert.

Angsthase
Der Hase ist ein schreckhaftes Fluchttier. Er hat viele Feinde und muss daher sehr vorsichtig und stets zur Flucht bereit sein. Mit Angsthase charakterisiert man einen ängstlichen Menschen, der leicht die Flucht ergreift.
Synonyme: Feigling, Hasenfuß, Kneifer, Memme, Schisser, Schwächling.
Antonym: Draufgänger.

Apfelschimmel

Ein Schimmel, der gerne Äpfel frisst ist durchaus vorstellbar. Er heißt aber dann noch nicht Apfelschimmel.

Wir wissen auch, dass ein Schimmel ein weißhaariges Pferd beliebiger Rasse ist. Wenn sein Fell dunkle, etwa apfelgroße Tupfen aufweist, dann wird es zu Recht Apfelschimmel genannt.

Backfisch

Backfisch war die Bezeichnung eines jugendlichen, heranwachsenden Mädchens.

Zur Herkunft des Begriffes gibt es verschiedene etymologische Deutungen.

- Eine scherzhafte Übersetzung des untersten akademischen Grades Baccalaureus, aus der Studentensprache stammend, in den allgemeinen Sprachschatz übernommen.
- Aus der englischen Anglersprache als *backfish* übernommen, also ein Fisch, der noch zu klein ist und *back* (zurück) ins Wasser geworfen wird.
- Aus der Seemannssprache stammend. Zu kleine Fische werden nach dem Einholen der Netze über Back (Backbord) zurück ins Wasser geworfen.
- Bezeichnung für junge Fische, die zum Kochen oder Braten noch zu klein sind, aber paniert gebacken werden können.

Bärendienst

Jemandem einen Bärendienst leisten bedeutet, jemanden in guter Absicht, jedoch mit unerwartet schlimmen Folgen zu behandeln.

Die Redensart mag darauf beruhen, dass die erzwungenen Dienste eines Bären (Tanz-bären) gefährlich sein können.
Was ein Bärendienst bedeutet, wird durch eine Fabel von La Fontaine trefflich geschildert:
Ein Bär und ein alter Gartenfreund fühlen sich einsam, suchen Gesellschaft und beschließen, zusammen zu leben. Beide kümmern sich umeinander. Eines Tages sitzt eine Fliege auf der Nase des alten Gartenfreundes. Der Bär will die Fliege verjagen, nimmt einen großen Stein und wirft nach ihr. Die Fliege war tot, der alte Mann auch.

Bärendreck
Bärendreck ist die umgangssprachliche Bezeichnung für Lakritze.
Möglicherweise stammt das Wort daher, dass früher die Lakritze in Form großer Klumpen produziert und verwendet wurde, die dem Bärenkot glichen.

Bärenführer
So nennt man bei der Polizei einen alten, erfahrenen Beamten, der einen jungen Kollegen in seine Aufgaben einführt und ihm die Tücken des beruflichen Alltags erläutert.
Bärenführer waren Männer, die einen Bären am Nasenring vorführten und tanzen ließen, um damit Geld zu verdienen. Der Bär folgte seinem Führer und befolgte dessen Anweisungen.
Synonym: (heute) Fremdenführer.

Bärenhaut

Wenn man Tacitus glauben will, der die Lebensweise der alten Germanen in seiner „Germania" beschrieben hat, so heißt auf der Bärenhaut liegen, faul und müßig sein. Man glaubt, dass die alten Germanen auf einem Bärenfell lagen und Met tranken, wenn sie nicht gerade gegen die Römer kämpften, wie das im Teutoburger Wald der Fall war, wo sie unter Führung von Hermann dem Cherusker den Quinctilius Varus und seine Truppen vernichtend geschlagen haben.

Bärenhäuter

Der Bärenhäuter ist der Titel eines Märchens der Gebrüder Grimm.

Bärenhunger

Der Bär ist ein großes, starkes Tier, also hat er auch großen, starken Hunger.
Bärenhunger ist eine umgangssprachliche Bezeichnung für sehr starken Hunger.
Synonyme: Heißhunger, Mordshunger, Riesenhunger, Kohldampf.

Bärenklau

ist der Name einer Pflanzengattung aus der Familie der Doldengewächse. Da der deutsche Name von der Bärenklaue abgeleitet ist, kann man auch Bärenklaue sagen. Nach Duden sind beide Namen zulässig.
Auffallend ist der Riesenbärenklau (*Heracleum giganteum*), der als pflanzlicher Herkules betrachtet werden kann. Man sollte wissen, dass seine Inhaltsstoffe ziemlich gefährlich sind.

Schon beim Berühren der Pflanze bei Tageslicht, besonders bei starker Sonneneinstrahlung, kann es zu einer schlimmen Photodermatitis (krankhafte Hautveränderung durch Lichteinwirkung) kommen.

Bärenöhrchen

Zugegeben, die Ohren der Bären sind meistens im Verhältnis zu ihrer Körpergröße recht klein.

Nicht jedermann weiß, dass auch die Blüten der Echten Schlüsselblume (*Primula veris*) Bärenöhrchen genannt werden.

Bärentatzen

ist die Bezeichnung eines Schokolade-haltigen Feingebäcks in Form von Bärentatzen.

Bärentöter

Damit ist kein Mann gemeint, der auf Bären Jagd macht sondern eines von zwei Gewehren des Old Shatterhand in Wildwest-Romanen von Karl May.

Bandwurm

Bandwürmer sind parasitär in verschiedenen Gastorganen – so auch im Menschen – lebenden Plattwürmer. Weltweit sind schätzungsweise etwa 3.500 Arten bekannt.

Neben der Bezeichnung des Parasiten wird der Terminus auch gebraucht, um die übertriebene Länge eines geschriebenen oder gesprochenen Wortes oder Satzes zu charakterisieren.

Beispiel für ein aus 48 Buchstaben bestehendes Bandwurmwort: Brückenbauinfrastrukturfinanzierungsgesellschaft.

Baulöwe

So nennt man einen Bauherrn oder Bauunternehmer, der oft mit betrügerischen Methoden viele Gebäude errichtet und verteuert verkauft, um sich damit unrechtmäßig in kurzer Zeit enorm zu bereichern.

Bernhardiner

Zuerst denkt man an den großen, schönen, starken Lawinen-Suchhund mit dem weiß und braun gefleckten Fell Aber woher kommt sein Name? Er wurde im Hospiz St. Bernhard in der Schweiz gezüchtet.

Die Menschen, die sich Bernhardiner nennen, bilden einen Zisterzienserorden, der von dem Abt Bernhard von Clairvaux (1091 bis 1153) geleitet wurde.

Bibergeil

ist ein harzartiges, braunes Gemisch verschiedener z. T. stark duftender Stoffe, das als Sekret vom Biber (lateinisch *castor*) aus bestimmten Drüsen (Castorbeutel) ausgeschieden und zur Markierung seines Reviers sowie zur Pflege seines Fells benutzt wird. Es ist als „Castoreum" eine Komponente verschiedener Parfüms mit aphrodisierender (sexuell anregender) Wirkung und galt in der Volksmedizin als Mittel gegen diverse Erkrankungen.

Biberschwanz

Der Biberschwanz ist breit und abgeplattet.

Mit Biberschwanz wird auch ein flacher, länglicher, am unteren Ende abgerundeter Dachziegel bezeichnet, dessen Form der Gestalt des namengebenden Objekts stark ähnelt. Zum Dachdecken wird der Ziegel fischschuppenartig übereinander gelegt.

Bienenstich
Der eine Bienenstich ist schmerzhaft, der andere ist wohltuend und schmeckt gut.
Der essbare ist ein Blechkuchen aus süßem Hefeteig, der mit einem Belag aus Butter, Zucker und Mandeln bereitet wird. Beim Backen karamellisiert die Zuckermasse zu einem wohlschmeckenden Überzug.

Bisamratte
Die Bisamratte oder kurz Bisam genannt, ist eine Nagetierart. Die Bezeichnung Ratte ist unkorrekt, denn sie gehört in die Familie der Wühlmäuse.
Bisam ist auch ein Synonym für Moschus, wovon der Name des Nagetieres abgeleitet ist. Das Männchen scheidet ein stark nach Moschus duftendes Sekret aus.

Bismarckhering
ist die Bezeichnung für entgrätete Heringshälften, die in eine Marinade aus Essig, Speiseöl, Zwiebel, Senfkörner und Lorbeerblättern eingelegt sind. In aufgerollter Form nennt man sie Rollmöpse. In Österreich werden die Bismarckheringe auch Russen genannt.

Die Entstehung des Namens wird kontrovers diskutiert.
– Der Name kann direkt auf den deutschen Reichskanzler Otto von Bismarck (1815 – 1898) zurückgehen, der diese Art von Fischzubereitung sehr gerne gegessen haben soll.
– Nach einer anderen Version soll Bismarck einem Flensburger Wirt erlaubt haben, seinen Namen für diese sauren Heringe zu verwenden.

– Der Stralsunder Fischhändler Johann Wiechmann hatte Bismarck ein Fässchen mit den sauer eingelegten Heringshappen geschickt. Der Reichskanzler soll ihn dann privilegiert haben, sie als Bismarckheringe zu vermarkten.

Schließlich glaubt man zu wissen, dass der Leibarzt von Bismarck dem kränkelnden Kanzler eine Herings-Heildiät verordnet habe, die ihn wieder gesunden ließ.

Blauschimmel

Das Wort Schimmel hat mehrere Bedeutungen, wovon zwei dem allgemeinen Sprachgebrauch angehören, nämlich weißhaariges Pferd und sichtbare Teile von Pilzen (Schimmelpilzen, *Penicillium*-Arten), die als blaue, graue, weißliche oder grünliche Beläge auf feuchtem oder faulendem organischem Material erscheinen.

Blauschimmel steht in der Umgangssprache für Blauschimmelkäse.

Darüber hinaus ist Blauschimmel die Bezeichnung für Pilze mit blauen, bläulichen bis blaugrünen Konidien. Dazu gehören beispielsweise:

Penicillium roquefortii im Blauschimmelkäse,

Penicillium italicum auf Zitrusfrüchten,

Peronospora tabacina, der die Tabakpflanzen ruiniert.

Blindekuh

oder als Blinde Kuh, ist ein heute noch bei Kindern beliebtes Orientierungsspiel, das darin besteht, dass einer Person die Augen verbunden werden, während andere um sie herumlaufen oder tanzen und sie necken, zupfen etc. Wenn die Blindekuh eine dieser Personen erwischt und festhalten kann, muss diese ihre Rolle übernehmen.

Bock

Wie kann ein so einfaches Wort eine ganze Reihe verschiedener Bedeutungen haben? Hier einige Belege:

- Name eines männlichen gehörnten Säugetieres (Rehbock, Schafbock, Ziegenbock)
- Abwertende Bezeichnung für einen Mann („der alte Bock")
- Gestell zum Aufbocken eines Gegenstandes
- Gestell zur Ablage eines Gegenstandes (z.B. Aktenbock)
- Höhenverstellbares Turngerät
- Sitz des Kutschers auf einem Pferdewagen

Ferner wird das Wort Bock auch benutzt, um ein Verlangen, einen Wunsch, die Lust auf eine Aktion ausdrücken.

Zitat, das ein Enkelkind neulich in der Schule aufgeschnappt hat: „Treffen sich zwei Ziegen. Sagt die eine, gehst Du mit in die Disco? Sagt die andere, nein, habe keinen Bock darauf."

Bockbier

ist ein ober- oder untergäriges Starkbier mit einem hohen Stammwürzgehalt und einem Alkoholgehalt von etwa 6,5 Volumenprozenten.

Die Biersorte stammt aus der ehemaligen Hansestadt Einbeck in Niedersachsen und hieß Einbecker Bier. Die Bayern warben einen Einbecker Braumeister ab und schenkten im Hofbräuhaus das „Einbecksche Bier" aus. Der Volksmund machte aus „Einbeck" zuerst „Einböck", dann „Einbock-Bier" und zuletzt „Bockbier".

Bockhuf

Zuerst denkt man an die Hornzehe eines männlichen Säugetiers oder an den Fuß eines Satyrs.

Gemeint ist aber eine Fehlstellung der Gliedmaßen von Pferden.

Synonym: Sehnenstelzhuf.

Bockmist

Mist ist schon ein Synonym für Unsinn, Blödsinn, Quatsch, Tinnef etc.

Wenn dann noch das Wort Bock dazu kommt, also der Name eines stinkenden Tieres, so erfährt der Begriff eine negative Potenzierung im Sinne von sehr starkem Mist.

Bocksbart

Dass der Ziegenbock einen Bart trägt, ist hinlänglich bekannt.

Bocksbärte (*Tragopogon*) sind aber auch eine Pflanzengattung aus der Familie der Korbblütler (*Asteraceae*).

Bocksbeutel

So wird eine abgeflachte Weinflache bzw. eine flachgedrückte Kugelflasche genannt, die man in einigen Weinbaugebieten verwendet (Franken, Baden, Portugal).

Eine vom Plattdeutschen abgeleitete Deutung geht vom Wort Bocksbüdel aus, was Buchbeutel bedeutet, also einem flachen Beutel, in dem die Frauen ihr Gesangbuch zur Kirche tragen.

Eine andere Deutung des Wortes besteht in der Ähnlichkeit der Flaschenform mit dem Hodensack eines Ziegenbocks.

Böse Zungen behaupten, die Form des Bocksbeutels wäre von Mönchen geschaffen worden, die eine kugelige Weinflasche unter ihrer Kutte schlecht verbergen konnten.

Bocksdorn

Der gemeine Bocksdorn (*Lycium barbarum*) ist ein Nachtschattengewächs, das durch seine als Gojibeeren bezeichneten Früchte aktuelle Bedeutung als „Superfood" erlangt hat. Gojibeeren gelten derzeit als Allheilmittel mit Anti-Aging-Wirkung.
Synonym: Teufelszwirn.

Bockshorn

ist das Horn eines Ziegenbocks, dem man nicht begegnen sollte. Ziegenböcke neigen zu übermütigen Attacken, die nicht ungefährlich sind.
Daraus könnte die Redensart „ins Bockshorn jagen" abgeleitet sein. Sie bedeutet, jemanden einschüchtern, bedrohen, demoralisieren, in die Enge treiben.

Bockshorn ist auch die abgekürzte Bezeichnung für
Bockshornklee, einer Pflanze aus der Familie der Schmetterlingsblütler. Namensgebend ist die hornartige Form ihrer Hülsenfrüchte. Ihre Samen finden heute noch medizinische Verwendung und sind als Monografie Bockshornsamen in dem derzeit gültigen Europäischen Arzneibuch enthalten.
Ferner ist Bockshorn ein Synonym für die Frucht des Johannisbrotbaums.

Bockwurst

ist eine typisch deutsche Brühwurst, die ursprünglich während der Bockbierzeit gegessen wurde. Ob sie als „Altmünchner Frühstück" oder als „Bertliner Imbiss" in Mode kam und unter ihrem heutigen Namen verbreitet wurde, sei dahingestellt.

Bombardierkäfer

ist ein Laufkäfer, von dem in Europa 51 Arten existieren. Er besitzt am Ende seines Hinterleibs einen Bombardierapparat, der aus zwei Kammern besteht. Die eine enthält eine Hydrochinon-Lösung, die andere hochkonzentriertes Wasserstoffsuperoxid. Bei Gefahr werden die beiden Lösungen zusammengeleitet, wobei sie sich mit lautem Knall explosionsartig zersetzen. Die gebildeten Benzo- und Toluchinon-Lösungen werden vom Käfer zu seiner Verteidigung gezielt und verletzend auf den Angreifer gerichtet.

Bordsteinschwalbe

Die in Mitteleuropa anzutreffenden Rauchschwalben, Mehlschwalben, Felsenschwalben und Uferschwalben können fliegen und ernähren sich von Insekten.

Die Bordsteinschwalbe kann weder fliegen, noch frisst sie Insekten.

Bordsteinschwalbe ist eine scherzhafte Bezeichnung für eine Prostituierte, die auf den Straßenstrich geht.

Brieftaube

Ist eine Haustaube, die früher wegen ihres ausgeprägten Orientierungssinns und ihrer Flugtüchtigkeit zum Überbringen von Nachrichten eingesetzt wurde.

Heute werden Brieftauben hauptsächlich für sportartige Flugwettbewerbe gezüchtet und gehalten.

Brillenschlange
Sie existiert tatsächlich, ist eine Giftnatter und gehört zu den echten Kobras. Ihr Biss ist meist tödlich.
Umgangssprachlich wird die Bezeichnung Brillenschlange abwertend-ironisch für eine Brillenträgerin gebraucht. Ihr Biss kann schmerzhaft sein, ist aber kaum tödlich.

Brüllaffen
sind eine Gattung aus der Familie der Klammerschwanzaffen. Sie sind für ihr lautes, morgendliches Schreien bekannt.
Umgangssprachlich ist ein Brüllaffe ein schreiender oder laut schimpfender Mensch.

Brummbär
Umgangssprachliche Bezeichnung für einen brummigen, übel gelaunten Menschen.
Frauen bezeichnen ihre Männer dann mit „Brummbär", wenn sie nicht umgehend ihren (oft unbequemen) Anordnungen Folge leisten sondern mit undefinierbaren Lauten antworten.
Bären brummen, wenn sie missmutig sind.
Synonyme: Griesgram, Nörgler, Querulant.
Redensart: Sei doch kein Brummbär.

Eine andere umgangssprachliche Verwendung findet der Name Brummbär zur Benennung eines Panzertyps, nämlich des Sturmpanzers IV der alliierten Streitkräfte.

Bücherwurm

Wenn man an die Borkenkäfer denkt, die unter der Borke das Holz geschädigter und abgestorbener Bäume fressen, so wäre vorstellbar, dass die Bücherwürmer unter dem Deckel das Papier von Büchern fressen würden.

Bücherwurm ist jedoch eine Bezeichnung für jemanden, der gerne und viel liest.

Von Carl Spitzweg existieren drei Gemälde, die diesen Titel tragen.

Synonym: Leseratte.

Bückling

von den zwei Bücklingen kann man den einen essen, den anderen tun. Der essbare ist ein goldgelb geräucherter Hering.

Der andere wird als tiefe Verbeugung gemacht, ein Zeichen der Demut und Unterwerfung.

Bullauge

Der Begriff Bullauge, mit dem ein rundes, gelegentlich auch ovales Fenster bezeichnet wird, ist in verschiedenen Bereichen anzutreffen:

- In der Schifffahrt bedeutet es ein wasserdichtes und den Wasserdruck von außen aushaltendes Fenster in der Seitenwand der Schiffe.
- In der Raumfahrt meint man damit ein Fenster aus speziellem Quarzglas, das Temperaturunterschiede von mehreren 100°C aushält.
- In der Architektur, wo man meistens von Ochsenauge spricht, war und ist es beliebt bei Bauten des Barock.
- Bei Waschmaschinen ist das Bullauge ein Fenster, das dem Wasserdruck von innen standhalten muss.

Synonym: Ochsenauge.

Bulle

Der eine ist ein starkes Säugetier mit Hörnern, der andere ein Ordnungshüter, der scherzhaft-abwertend so genannt wird und dem man Hörner aufsetzen könnte.

Schon lange bevor man verbal an der übertriebenen Genderisierung erkrankte, gab es eine weibliche Form von Bulle. Sie steht allerdings nicht im Stall sondern ist ein in lateinischer Sprache abgefasster päpstlicher Erlass.

Bullenhitze

Da der Bulle ist ein sehr starkes Tier ist, werden verschiedene Begriffe mit dem Vorwort Bulle versehen, wenn sie als stark gelten sollen. Bullenhitze ist also eine besonders starke Hitze.

Bullenkloster

ist eine scherzhafte Bezeichnung für ein Junggesellenheim. Als Bullen kann man junge, kräftige Männer benennen. Kloster ist eine geschlossene Wohnstätte für Männer oder für Frauen.
In einem Männerkloster haben weibliche Personen nichts zu suchen.
Ein Frauenkloster schließt den Besuch männlicher Personen aus.
Ob das heute noch gilt, muss in Frage gestellt werden.

Bunter Hund

Hunde sind normalerweise ein- oder zweifarbig. Ein mehrfarbiger Hund ist auffallend. Deshalb bezeichnet man einen auffallend gekleideten oder sich auffallend benehmenden Menschen als bunten Hund.
Redensart: Er ist bekannt wie ein bunter Hund.

Computermaus

ist ein Eingabegerät für Computer, das heute für praktisch jeden PC als Befehlsgeber benutzt werden kann. Das Gerät ist klein wie eine Maus, handlich und kann flink bewegt werden.

Dachhase

ist eine scherzhafte Benennung für die Hauskatze. Der Name soll aus der Zeit der Belagerung Wiens (1683) stammen, als die arme Bevölkerung in Ermangelung anderer Fleischarten Katzenfleisch zubereitet und verzehrt hat.

Diebische Elster

Die Elster (*Pica pica*) gehört zur Familie der Rabenvögel. Sie wird zu Unrecht beschuldigt, eine Diebin zu sein. Tatsächlich sammelt die Elster aus Spieltrieb gerne glänzende Gegenstände. Dies geschieht aus reiner Neugierde und nicht aus der Absicht zu stehlen.

Ferner ist „Die Diebische Elster" der Name einer komischen Oper von Gioachino Rossini (*La gazza ladra*). Der Name beruht auf folgendem Ereignis. Das Dienstmädchen Ninetta wird von einem abgewiesenen Liebhaber beschuldigt, ein silbernes Besteck gestohlen zu haben und soll hingerichtet werden. In letzter Minute stellt sich heraus, dass der Dieb eine Elster war.

Dompfaff

Zuerst denkt man an einen Domgeistlichen, der mit einem schwarz-roten Ornat gekleidet ist.

Weil aber ein Vogel aus der Familie der Finken ein schwarz-rotes Federkleid trägt, hat der Volksmund ihn auch Dompfaff genannt.

Drache

Außer zur Bezeichnung eines Fabeltiers hat das Wort noch mehrere Bedeutungen:

- ein Flugkörper, der aus einem leichten, mit Papier oder Stoff bespannten Gerüst besteht, das an einer Schnur befestigt ist und vom Wind in die Höhe getragen wird. Früher war der Drache ein Kinderspielzeug, heute vergnügen sich damit auch Erwachsene mit immer größer und perfekter werdenden Modellen.
- großes, deltaförmiges Flugobjekt
- ein Renn-Segelboot, das von drei Personen zu bedienen ist
- salopp und abwertend, eine zänkische (ihren Ehemann und andere Personen tyrannisierende) Frau.

Synonym: Beißzange.

Drachenkopf

Neben dem Terminus für einen „echten", in der Realität aber nicht bestehenden, Drachenkopf begegnet uns dieser Name sowohl in der Zoologie als auch in der Botanik.

Der Große Rote Drachenkopf (*Scorpaena scrofa*) gehört zur Familie der Skorpionfische und ist ein träger Bodenfisch des Mittelmeers und des Nordatlantiks. Der Meerwasserfisch sieht zwar nicht gerade freundlich aus, erscheint aber als Drachenkopf relativ harmlos.

Der Türkische Drachenkopf oder die Moldavische Melisse (*Dracocephalum moldavica*) ist eine Pflanzenart der Gattung Drachenköpfe und gehört zur Familie der Lippenblütler. Die blauvioletten Blüten erinnern an einen Drachenkopf mit aufgesperrtem Maul.

Drachenmaul

Während aus dem Maul eines imaginären Drachens gefährliche Flammen schlagen, entströmt einer als Drachenmaul benannten, in den Alpen und Pyrenäen heimischen Pflanze (*Horminum pyrenaicum*) ein leichter Duft. Die oft ganze Bergwiesen besiedelnde Blume ist als Bienenweide geeignet.

Drahtesel

ist ein scherzhafter Begriff, der umgangssprachlich für die Bezeichnung eines Fahrrades benutzt wird. Wie ein Esel trägt das aus Metall (Draht) gefertigte Fahrgerät seinen „Reiter" zum gewünschten Ziel.

Drosselbart

König Drosselbart ist der Titel eines Märchens der Gebrüder Grimm.

Dummer Esel, dumme Gans,
ferner auch dummes Huhn, dumme Pute

Überall auf der Welt wird der Esel zu Unrecht als dumm und störrisch betrachtet. Das Wort Esel dient als Schimpfwort für einen unzulänglichen Menschen.

Somit gesellt sich der dumme Esel zur dummen Gans und zum dummen Schwein, das dem Menschen sehr ähnlich ist.

Die Gans ist nicht dümmer oder klüger als die Ente oder der Schwan.

Das Wort Gans wird seit alters her als Schimpfwort für Frauen und Mädchen gebraucht und ist in mehreren abwertenden Redensarten für weibliche Personen enthalten. Die Gans wird als albern, schwatzhaft (wegen ihres Geschnatters) und eitel (wegen ihres Ganges) angesehen. Was läge näher, als sie dumm zu nennen.

Zusammen mit der blöden Kuh und der blöden Ziege könnten sie ein den Bremer Stadtmusikanten nachempfundenes Quartett bilden. Tonarten wären dabei IA-hen, Schnattern, Muhen und Meckern.

Eisvogel
Neben dem weite Teile Mitteleuropas besiedelnden Vogel (*Alcedo atthis*), der sich von kleinen Fischen, Insekten, Kleinkrebsen und Kaulquappen ernährt, gibt es auch einen Großen und einen Kleinen Eisvogel. Es sind Schmetterlinge mit den wissenschaftlichen Namen *Limenitis populi* und *Limenitis camilla*.

Elchtest
Der Elchtest ist eine Probe zur Ermittlung der Fahrstabilität eines Pkws.
Dabei wird das Ausweichen vor einem plötzlich auftretenden Fahrbahnhindernis (einem imaginären Elch) simuliert. Das Auto darf hierbei nicht umkippen und auf dem Kopf (Dach) landen.

Elefantenbaby
In Anlehnung an das Aussehen des namengebenden Jungtiers nennt man stark übergewichtige, plumpe, schwerfällige Kinder Elefantenbabys.

Elefantenfuß

Neben der Bezeichnung für den Fuß eines Elefanten dient dieser Terminus noch zwei weiteren Objekten.

Das eine ist eine palmenähnliche, sukkulente Pflanze (*Beaucarnea recurvata*) aus der Familie der Spargelgewächse, auch Flaschenbaum genannt. Der am unteren Ende geschwollene Stamm gleicht in seinen Dimensionen und seinem Aussehen tatsächlich einem Elefantenfuß.

Das andere Objekt mit Namen Elefantenfuß ist ein runder Rollhocker, der als Trittbrett für das Erreichen höher stehender Gegenstände benutzt wird. Beim Besteigen schieben sich die gefederten Rollen unter die runde Hockerwand und der Hocker steht stabil auf dem Untergrund.

Elefantenhaut

Der auch Dickhäuter genannte Elefant hat in der Tat eine dicke, oft schuppige Haut, die in der Umgangssprache als Bezeichnung für verschiedene Materialien dient. Optimal passt diese Bezeichnung für einen dicken, robusten, wasserundurchlässigen Belag auf Wänden oder Böden, der in flüssiger Form aufgetragen wird und dann lederartig erstarrt.

Ferner ist Elefantenhaut ein geschützter Markenname für eine Papiersorte.

Elefantenohr

ist ein verschiedenartig und vielseitig verwendbares Wort:
- zur Bezeichnung des Ohrs eines Elefanten,
- als Trivialnamen für verschiedene Pflanzenarten,
- als Trivialnamen für einige Scheibenanemonen,
- zur Bezeichnung des Schriftzeichens @.

Andere Bezeichnungen für das @ lauten Affenschaukel und Klammeraffe (s. dort).

Ente

Neben dem Namen für einen Vogel, der in Kreuzworträtseln immer als Wasservogel gesucht wird, bezeichnet man damit auch ein Urin-Glas für bettlägerige Männer, wohl wegen der groben Ähnlichkeit mit der Form einer Ente.

Als Zeitungsente oder Ente wird eine in der Zeitung erscheinende Falschmeldung bezeichnet, die sowohl eine bewusste Fälschung als auch eine irrtümliche Mitteilung sein kann. Eine Erklärung des Namens könnte daher kommen, dass nicht geprüfte Meldungen als „not testified", abgekürzt als N.T. bezeichnet wurden. Aus N.T. wurde dann Ente.

Entenfang

heißt ein Stadtteil von Karlsruhe.

Entenfang war ein Flurname beim ehemaligen Mühlburger Schloss, wo früher Wildenten gejagt und gefangen wurden.

Entengang

dient als Bezeichnung verschiedener Bewegungsarten. Das Wort steht für einen watschelnden Gang infolge Funktionsstörung der Beinmuskulatur. Der Name bezieht sich auf den typischen Gang der Enten.

Auch das vorsichtige Gehen bei Glatteis wird Entengang genannt.

Ferner werden Froschhüpfen und Kosakentanz, also sportliche, tanzartige Bewegungen, als Entengang bezeichnet. Dabei wird zwar die Beinmuskulatur gestärkt, jedoch die Kniegelenke werden belastet und häufig geschädigt.

Entengrütze

ist ein Trivialname für die Kleine Wasserlinse (*Lemna minor*) aus der Gattung der Wasserlinsen, die zur Familie der Aronstabgewächse gehört. Sie dient Enten und Gänsen, aber auch Fischen als Nahrungsquelle, wodurch die Benennung erklärt werden kann.

Entenklemmer

Im Schwäbischen bedeutet dieses Wort geiziger Mensch, Geizhals.

Der Begriff wird folgendermaßen erklärt. Enten legen ihre Eier nicht nur ins Nest sondern auch im Freien. Will ein Bauer seine Ente verkaufen, so kann er ihr vielleicht durch Klemmen des Hinterleibs vorher noch ein Ei abpressen. Der geizige Besitzer fühlt, ob die Ente demnächst ein Ei legen wird, indem er das Hinterteil der Ente mit Daumen und Zeigefinger zusammendrückt.

Im positiven Fall erhält die Ente Ausgehverbot, bis sie das Ei gelegt hat.

Entenschnabel

Außer der Bezeichnung des Mundwerkzeugs der Entenvögel hat das Wort noch zahlreiche weitere Bedeutungen, von denen hier nur einige genannt werden.

- Schuh mit schnabelförmiger Spitze,
- nordwestlicher, schmaler Ausläufer der Nordsee, der zu Deutschland gehört,
- in der Medizin Gerät zur Dehnung von Körperöffnungen (Spekulum),
- umgangssprachlich eine Drehleiter niederer Bauart von Magirus-Deutz,

- umgangssprachlich ein hochgelegter Kotflügel an bestimmten Motorrädern,
- Entenschnabel(-Felberich) ist eine elegante Staude mit langen, entenschnabelartig geschwungenen Blütentrauben.

Esel

Das Wort Esel wird wie die Wörter Kamel und Schaf als Schimpfwort für minderintelligente Individuen gebraucht (s. jeweils dort).

Eselsbrücke

ist eine Mnemotechnik, d.h. ein Verfahren zum Einprägen von Informationen.

Die Eselsbrücke ist ein Merksatz, der hilft, gedanklich als Gedächtnisstütze leichter ans Ziel zu kommen.

Der Name soll davon abgeleitet sein, dass Esel wasserscheu sind und sich weigern, durch einen Wasserlauf zu gehen, auch wenn dieser nicht tief ist und man ihn durchwaten könnte, ohne die Knie zu benetzen.

Doch die Esel können aufgrund der Spiegelung der Wasseroberfläche die Tiefe einer Furt nicht erkennen. Man hat den Eseln deshalb früher Brücken gebaut.

Beispiele:

- Die Namen der neun olympischen Musen ?
- Kliometerthal Euer Urpokal = Klio-Me-Ter-Thal-Eu-Er-Ur-Po-Kal = Klio, Melpomene, Terpsichore, Thalia, Euterpe, Erato, Urania, Polyhymnia, Kalliope.
- Wann war die Schlacht bei Issos (Issus), bei der Alexander der Große (Griechen/Makedonien) den Darius III. (Perser) vernichtend geschlagen hat? „Drei, drei, drei – bei Issos Keilerei" (also im Jahr 333).

Synonyme: Merkspruch, Merkreim, Lernvers.

Eselsohr

Neben dem Ohr des Esels meint man damit umgangs-sprachlich eine umgeknickte Buchseite, die einem Ohr ähnelt und als Lesezeichen dient.

Als Eselsohr wird auch ein essbarer, rötlicher, rosa- oder orangefarbener Schlauchpilz bezeichnet, der mit einem kurzen, stielförmigen Fruchtkörper von Eselsohr-ähnlicher Gestalt.

Falsche Schlange

Vorurteilslos betrachtet erscheint die Schlange als ein elegantes, stilles, harmloses Wesen. Doch der Mensch empfindet sie als hinterhältig und gefährlich. Umgangs-sprachlich wird der Ausdruck falsche Schlange abwertend für eine heimtückische, hinterlistige weibliche Person gebraucht.

Redensart: Du falsche Schlange!

Falscher Hase

ist ein Braten aus Hackfleisch.

Fette Henne (Fetthenne)

Pflanzengattung (Sedum) aus der Familie der der Dickblatt-gewächse.

Synonym: Mauerpfeffer.

Finanzhai

ist die Bezeichnung für einen Finanzspekulant oder Finanz-jongleur oder Zocker, der sein Glück in gewinnbringenden Finanzgeschäften sucht.

Fledermaus

Fledermäuse und Flughunde, die zusammen die Ordnung der Fledertiere bilden, sind die einzigen Säugetiere, die aktiv fliegen können. Fledermäuse orientieren sich mithilfe der Echoortung.

Der Name Fledermaus ist ein Synonym für „Flattermaus". Die Tiere haben etwa die Größe einer kleinen Maus und flattern (fliegen) durch die Luft.

Fleischwolf

ist ein Gerät, das dem Mahlen und Vermengen von Fleisch und anderen essbaren Materialien dient. Er ist anderen Küchengeräten zur Herstellung von Hackfleisch, Mett, Brät und Ähnlichem durch die einfache, kraftvolle Handhabe überlegen.

Der Name Wolf mag daher kommen, dass er wie dieses Tier Fleisch „frisst" und zerkleinert.

Fliegenkopf

Als Fliegenkopf wird in der Sprache der Buchdrucker ein falsches Zeichen im Text bezeichnet, das meistens kopfstehend ist.

Fliegenschiss

Als Fliegenschiss werden in der Typografie (Buchdruck) Wortfragmente oder Silben verstanden, die aus Versehen am Ende eines Absatzes erscheinen.

Flohmarkt

Auf alten Märkten wurden oft gebrauchte Kleidungsstücke verkauft (was heute in den Second-hand-Läden geschieht). Dabei kam es vor, dass mit den Kleidern auch Flöhe ihren Besitzer wechselten.

Heute bedeutet Flohmarkt einen Markt, auf dem alle möglichen gebrauchten Gegenstände angeboten und verkauft werden.

Synonym: Trödelmarkt.

Flohsamen

Flöhe pflanzen sich nicht durch Samen fort sondern durch Eier. Wegen einer gewissen Ähnlichkeit der Samen von Wegerich-Arten, besonders des indischen Wegerichs (*Plantago indica*), wurden sie Flohsamen genannt.

Medizinische Anwendung finden die Flohsamen-Schalen, die wegen ihres Quellvermögens in wässrigem Milieu zur Darmregulierung verwendet werden.

Flughund (Fliegende Hunde)

Siehe Fledermäuse. Im Gegensatz zu diesen orientieren sie sich mithilfe ihrer lichtstarken Augen und haben eine Flügelspannweite von bis zu einem Meter.

Flusspferd (Nilpferd)

ist zwar auch ein pflanzenfressendes Säugetier, aber kein Pferd.

Wissenschaftlich als Hippopotamus bezeichnet, stellt es, abgesehen von den Elefanten, zusammen mit dem Breitmaulnashorn eines der beiden schwersten, landbewohnenden Säugetiere dar.

Frechdachs
Liebenswerte Bezeichnung für ein freches, vorlautes Kind.
Der Dachs hat die Fähigkeit, kunstvolle Bauten zu errichten.
Andererseits kann er etymologisch als Dickling bezeichnet
werden. Eine sinnvolle Verbindung zur Eigenschaft frech
herzustellen, bleibt jeder und jedem selbst überlassen.

Froschauge
ist natürlich das Auge des Froschs. Was ist daran Beson-
deres? Es steht kugelig hervor.
Umgangssprachlich nennt man große, hervorquellende
menschliche Augen, wie sie etwa bei der Basedow'schen
Krankheit zu beobachten sind, ebenfalls Froschaugen.
Zitat: Der Jungfer Feuerblick macht froh, ist's ein verkappter
Basedow?

Schließlich sprechen die Automechaniker von Froschaugen,
wenn sie aufgesetzte, vorstehende Scheinwerfer meinen.

Froschbiss
Frösche schnappen nach Insekten. Dass sie größere Lebe-
wesen beißen, ist mir nicht bekannt.
Froschbiss heißt eine Wasserpflanzengattung aus der Familie
der Froschbiss-Gewächse, die in Gartenteichen sehr beliebt
sind.

Froschperspektive
ist die Bezeichnung der Betrachtung eines Objekts von einem
Punkt aus, der unter der Augenhöhe des Menschen liegt. Man
bezeichnet damit auch eine beschränkte, engstirnige Sicht-
weise.

Fuchsschwanz

ist eine Handsäge, die zur Ausstattung jedes Tischlers und Heimwerkers gehört. Sie erinnert in ihrer Gestalt mit etwas Fantasie einem tatsächlichen Fuchsschwanz und eignet sich zu Sägen von hölzernen Objekten, doch nicht von solchen aus Metall.

Der Garten-Fuchsschwanz ist eine in Südamerika heimische Pflanzenart, deren Samen (Amarant) als glutenfreier Getreideersatz verwendet werden können.

Gänsefüßchen

Als Gänsefüßchen werden in geschrieben oder gedruckten Texten die Anführungszeichen genannt, die ein Zitat beginnen und beschließen. Der Name beruht auf der Ähnlichkeit dieser Zeichen mit dem Abdruck von Gänsefüßen im Sand.

Gänsefuß

Bezogen auf den Menschen ist damit ein Plattfuß gemeint.

Gänsefüße sind eine Pflanzengattung aus der Familie der Fuchsschwanzgewächse (*Amaranthaceae*).

Gänsehaut

benennt die Menschenhaut, die sich durch Kälte oder Schreck zusammengezogen hat und dadurch der Haut einer gerupften und gebrühten Gans ähnlich wird.

Redensart: Er (oder sie) kriegt eine Gänsehaut.

Gänseliesel

ist der Titel eines Märchens der Gebrüder Grimm.

Gänsemarsch
Wasservögel, wie die Gänse, bewegen sich gerne fort, indem sie hintereinander in einer Reihe laufen. Gänsemarsch bedeutet also hintereinander gehen, so wie es die Gänse tun. Zu beobachten ist beispielsweise der Gänsemarsch, wenn Kleinkinder aus dem Kindergarten mit ihren Erzieherinnen spazieren gehen.

Gänsewein
Humorvolle Bezeichnung für einfaches Trinkwasser.

Galgenvogel
Damit ist ursprünglich der Rabe benannt, dem die Gehenkten als Nahrung dienten. Die Hinrichtungsstätte hieß Rabenstein. Umgekehrt wird auch der Gehenkte selbst als Rabenvogel bezeichnet, weil er als Rabenfutter „entsorgt" wird.

Gashahn
Die Bezeichnung „Hahn" hat verschiedene Bedeutungen (s. weiter unten). Dazu gehört der Absperrhahn an Leitungen. Der Gashahn ist also eine Vorrichtung an Gasleitungen zum Auf- und Zudrehen.

Geißfuß
ist ein verschiedenartig verwendbares Wort. Es kann bedeuten: Die Pflanzenart *Aegopodium podagraria* = Giersch, oder ein messerartiges Werkzeug mit V-förmigem Einschnitt, das für die Fertigung von Linol-und Holzschnitten verwandt wird und auch in der Zahnheilkunde zur Extraktion eines kranken Zahns dient.
Ferner ist Geißfuß der Name eines Bergs in den Allgäuer Alpen.

Geldhahn

Fiktive Benennung einer Absperrung, die einen Geldfluss stoppt.

Geläufig ist die Redensart „Jemandem den Geldhahn zudrehen".

Glühwürmchen

sind gar keine Würmchen sondern eine Käferfamilie (*Lampyridae*). Sie werden auch Leuchtkäfer genannt und können Lichtsignale zu Kommunikationszwecken aussenden. Sie können fliegen, was Würmer nicht können.

Goldenes Kalb

Während Moses auf dem Berg Sinai die zehn Gebote von Gott entgegen nahm, fertigten die Israeliten unter Billigung von Aaron und zum Ärgernis von Moses zur Feier des Auszugs aus Ägypten das Goldene Kalb als Götzenbild.

Goldesel

ist eine Gestalt aus dem Märchen „Tischlein deck dich" der Gebrüder Grimm. Es ist ein ganz besonderer Esel, der zwar Heu frisst, aber auf Zuruf eines Zauberwortes vorn und hinten Goldstücke von sich gibt.

Einen Goldesel würde man gerne sein eigen nennen; leider existiert er nicht in der Realität.

Goldfasan

ist eine Hühnervogelart (*Chrysolophus pictus*) mit eine goldgelben Haube und besonders prächtigem Federkleid aus der Familie der „Fasanartigen".

Im „Dritten Reich" war Goldfasan die spöttische Bezeichnung für einen mit vielen Ordensplaketten behafteten Braunhemd-träger (Parteigenossen der NSDAP).

Goldfisch

Als Fisch gehört er zu den Karpfenfischen mit gedrungenem Körper und roten glänzenden Schuppen, der in China gezüchtet wurde.

Als Mensch versteht man darunter, scherzhaft gesprochen, eine Person, die über ein beträchtliches Vermögen verfügt.

Redensart: Er (oder sie) hat einen Goldfisch geheiratet.

Grasmücke

Grasmücken sind keine Mücken, die sich im Gras aufhalten, sondern eine Gattung der Singvögel. Ihr Name soll von dem althochdeutschen Gra-smucka = Grauschlüpfer abgeleitet sein.

Graspferd

ist ein Synonym von Heupferd, s. dort.

Grauer Star

volkstümliche Bezeichnung für einen Katarakt, d. h. eine Trübung der Augenlinse, die man im fortgeschrittenen Stadium im Hintergrund als graue Färbung erkennen kann.

Der augenheilkundliche Begriff Star bezeichnet verschiedene Augenerkrankungen, die zu einem etwas „starren" Blick führen, wobei das Wort zu „Star" abgeleitet wurde.

Grille

ist ein heuschreckenartiges, nachtaktives Insekt. Die Männchen erregen in lauen Nächten durch ein charakteristisches Zirpen unsere Aufmerksamkeit, was von dem Einen als störend, vom Anderen als naturverbundene Geräuschkulisse empfunden wird.

Zitat (M. von Ebner-Eschenbach): Wenn die Nachtigallen aufhören zu schlagen, fangen die Grillen an zu zirpen.

Im übertragenen Sinn ist eine Grille ein wunderlicher, skurriler, verrückter Einfall bzw. eine entsprechende Idee oder ein trübsinniger Gedanke.

Sprichwort: Jemandem die Grillen vertreiben.

Großer Bär

ist der Name eines aus sieben großen Sternen bestehenden Sternbilds in der Nähe des Polarsterns.

Synonym: Großer Wagen.

Großer Fuchs

Großer Fuchs ist neben der Bezeichnung für ein prächtiges Exemplar des bekannten, schlauen, rothaarigen Säugetiers ebenso der Name eines Schmetterlings (*Nymphalis polychloros*), der zum Unterschied vom Kleinen Fuchs (s. dort) eine Spannweite von etwa 50 mm hat.

Grubenhund

oder Grubenhunt ist die Bezeichnung für einen im Bergwerk gebrauchten, oben offenen Förderwagen, der von Menschen geschoben oder gezogen wurde. Diese Aufgabe war sehr anstrengend und wurde nicht gerne wahrgenommen. Wenn ein Bergarbeiter sich etwas zu Schulden hatte kommen lassen

oder, wenn er als Hauer nicht mehr geeignet war, musste er zur Strafe den Grubenhund ziehen.
Davon soll das Sprichwort *auf den Hund kommen* abgeleitet sein. Es existieren aber auch andere Deutungen.

Grüner Star
Der Begriff Grüner Star ist ein Synonym für das Glaukom, eine Augenerkrankung mit einem Verlust von Nervenfasern. Der Grüne Star ist nicht mit dem Grauen Star, einer Linsentrübung, zu verwechseln.
Weltweit ist das Glaukom eine der häufigsten Erblindungsursachen.

Grünschnabel
Bei jungen Vögeln kann der Schnabel gelblich oder grünlich schimmern.
Im übertragenen Sinne bedeutet Grünschnabel einen jungen, unerfahrenen, oft auch vorlauten Menschen.

Hahn
Die Bezeichnung Hahn hat verschiedene Bedeutungen:

- Männlicher Hühnervogel.
- Hebel an Schusswaffen zum Auslösen des Schusses.
- Absperrhahn an Gas - und Wasserleitungen.
- Ferner existieren der Ablaufhahn (an Büretten), der Quetschhahn (an Gummischläuchen) und der Zapfhahn (an Fässern).

Hahnenfuß

ist die Bezeichnung einer weltweit vorkommenden Pflanzengattung. Die gelappten Blätter der Hahnenfußgewächse erinnern in ihrer Form an den Fuß des Hahn und anderer Vogelarten.

Gelb blühende Arten sind z.B. der scharfe Hahnenfuß (*Ranunculus acris*), der Gift-Hahnenfuß (*R. sceleratus*) und der kriechende Hahnenfuß (*R. repens*). Bei uns heimisch sind als Hahnenfußgewächse das Adonisröschen (*Adonis*), die Akelei *(Aquilegia)*, der Blaue Eisenhut (*Aconitum napellus*), die Küchenschelle oder Kuhschelle (*Pulsatilla vulgaris*), das Leberblümchen (*Anemone hepatica*), das Scharbockskraut (*Ficaria verna*), der Rittersporn (*Delphinium)* und die Sumpfdotterblume (*Caltha palustris*).

Hahnentritt

Das Wort hat verschiedene Bedeutungen:
— Keimfleck im Hühnerei,
— im Textilwesen kleine, karierte, krallenähnliche, schwarz-weiße oder
— grau-weiße Gewebemuster,
— eine Bewegungsstörung beim Pferd,
— eine Gangstörung in der Neurologie.

Hammelsprung

Der Hammelsprung ist eine Form der Abstimmung von Parlamenten. Dabei schreiten die Parlamentarier verschiedene Türen durch, die verschiedene Meinungsäußerungen bedeuten (ja, nein, Enthaltung), wodurch ein Abstimmungsergebnis erzielt wird. Das Verfahren wird angewandt, wenn durch Handheben kein eindeutiges Ergebnis erzielt wird: Hammelsprung ist wie Leithammel, Stimmvieh oder Arbeitspferd eine Wortschöpfung der parlamentarischen Sprache.

Der Begriff Hammelsprung wurde 1922 im Deutschen Reichstag eingeführt. Über einer der drei Haupttüren zeigte ein Relief den blinden Polyphem, der seine Hammel zählte, unter deren Bäuche sich Odysseus und seine Gefährten angeklammert hatten, um so dem Zyklopen zu entkornmen.

Hamsterbacken

Hamster besitzen in ihrem Maul innen liegende Backentaschen, die dem Transport von Nahrung dienen.

Wenn jemand volle, runde, dicke Backen hat, so sagt der Volksmund, er hätte Hamsterbacken.

Hasenfuß

ist eine spöttische Bezeichnung für einen ängstlichen Menschen, der Entscheidungen aus dem Weg geht und vor drohenden Gefahren – wie ein Hase es tut – frühzeitig flüchtet.

Redensarten: Sei kein Hasenfuß!

Synonyme: Angsthase, Angstmeier, Feigling, Hasenherz, Jammerlappen, Hosenschisser, Memme, Waschlappen.

Antonyme: Draufgänger, Held.

Hasenscharte

Die Scharte ist eine Einkerbung in eine glatte Oberfläche eines Gegenstandes oder ein Riss, eine Schrunde in der Haut. Mit Hasenscharte bezeichnet man eine Fehlbildung der Oberlippe des Menschen, benannt nach der Beweglichkeit der Nasenlöcher des Hasen, die seine Lippen wie gespalten aussehen lassen.

Synonym: Lippenspalte.

Haubenlerche

ist eine Vogelart aus der Familie der Lerchen, die eine hohe spitze Federhaube trägt.

Scherzhaft werden auch Nonnen und Ordensschwestern mit diesem Namen tituliert.

Hausbock

ist kein männliches Säugetier sondern ein Käfer (*Hylotrupes bajulus*) schlimmster Sorte, aus der Familie der Bockkäfer. Die Larven zerfressen das aus Nadelholz bestehende Gebälk alter Häuser. Die Entwicklung der Larven kann vier bis 18 Jahre dauern.

Sie sind die gefährlichsten tierischen Holzzerstörer. Man kann ihre Nagegeräusche deutlich hören.

Der Name bezieht sich auf den Bock als ein gefährliches Tier und das Haus, in dem er Schaden anrichtet. Die Gefährlichkeit drückt sich auch in der Meldepflicht aus.

Hechtsuppe

Die Redensart „es zieht wie Hechtsuppe" kann auf die Suppe bezogen sein, die lange ziehen muss, bevor sie ihr Aroma voll entwickelt. Die Bezeichnung mag andererseits eine jiddische Eindeutschung sein.

Hering

Jeder kennt den Hering als kleinen, silberglänzenden und in Schwärmen auftretenden Fisch, der in verschiedener Weise zubereitet werden kann. Eine davon ist der Bismarckhering (s. dort).

Umgangssprachlich wird oft ein dünner Mann schmaler Hering genannt.

Schließlich bezeichnet das Wort Hering auch einen kleinen Block aus Holz oder Metall, der zur Befestigung von Zeltschnüren in den Boden geschlagen wird.

Heupferd

Das Heupferd ist ebenso wenig ein Pferd wie das Fluss- oder Nilpferd oder das Seepferdchen (schon gar nicht das Honigkuchenpferdchen).
Erstere sind Säugetiere, das Seepferdchen ist ein Fisch und das Heupferd eine Insekt.
Synonyme: Graspferd, Grille, Heuschrecke.

Himmelhund

Benennung eines gewissenlosen Menschen.
Synonyme: Schuft, Teufelskerl.
Redensart: Dieser elende Himmelhund. Der Himmelhund hat es doch geschafft.

Hirschfänger

Mit Hirschfänger ist kein Jäger gemeint, der Hirsche fängt oder abschießt, vielmehr eine zweischneidige Stichwaffe von 40 bis 70 cm Länge, die vom Jäger zu Fuß zum Abfangen von angeschossenem Rot- und Damwild oder kleinen Wildschweinen benutzt wird, die gestellt und verwundet sind.
Man vermeidet damit einen zweiten oder weiteren Schuss und behütet die Jagdhunde davor, getroffen zu werden.

Höllenhund
Wird als Schimpfwort für einen schlechten Menschen gebraucht.
Die Gebildeten verstehen darunter den Cerberus, den dreiköpfigen Wächter der griechischen Unterwelt. Volkstümlich-umgangssprachlich ist damit der Teufel gemeint. In Goethes Faust erscheint der Mephistopheles zuerst als Hund.
Redensart: Du Höllenhund!

Holzbock
Dieser Bock ist kein Säugetier sondern eine blutsaugende Zecke (*Ixodes ricinus*). Er schädigt kein Holz und bevorzugt als Wirt neben Wild- und Haustieren auch den Menschen. Wenn er mit Krankheitserregern infiziert ist, kann er Überträger der Lyme-Borreliose und der Frühsommer-Meningoencephalitis (FSME) sein.
Der Name Holzbock wird unkorrekt und fälschlich auch für die Bezeichnung des Hausbocks benutzt (s. dort).

Holzbock ist weiterhin ein Synonym für einen großen, gelben, behaarten Käfer aus der Familie der Bockkäfer (*Coleoptera*).

Mit Holzbock kann auch schlicht ein Bock aus Holz bezeichnet werden, also ein Gebrauchsgegenstand.

Holzwurm
Auch der Holzwurm ist kein Wurm sondern ein Käfer. Wegen der Aktivität seiner Larven wird dieser Gemeine Nagekäfer (*Anobium punctatum*) auch Holzwurm genannt. Sind die Larven aktiv, so erkennt man das an dem Holzmehl, das aus dem Möbelstück herausquillt. Die Larven des Nagekäfers befallen verbautes, kein frisches Holz, er ist also ein Trockenholzschädling.

Honigkuchenpferd

ist ein Gebäck aus Honigkuchen mit der Gestalt eines Pferdes. Bekannt ist die Redensart „grinsen wie ein Honigkuchenpferd", was so viel bedeutet wie „über das ganze Gesicht strahlen".

Hornochse

abgesehen davon, dass ein Ochse Hörner trägt, wird dieses Wort nur als Schimpfwort gebraucht und bedeutet, einfältiger Mensch, Dummkopf, Tölpel, Depp.

Hühnerauge

Neben dem Sehorgan des Huhns bedeutet Hühnerauge oder Hornauge (lat. *clavus*) eine Hornschwielenbildung mit Beteiligung tiefer Hautschichten von meist keilartiger Form. Das Hühnerauge entsteht an den Füßen durch Stiefeldruck und schmerzt stark bei Berührung.
Die Redewendung „jemandem auf die Hühneraugen treten" bedeutet, jemanden mit Worten an einer empfindlichen Stelle zu treffen, zu kränken, zu beleidigen oder jemanden an eine eventuell unangenehme Pflicht zu erinnern.
Synonym: Krähenauge.

Hummerschere

Außer der Bezeichnung für das Greifwerkzeug des Hummers findet sich der Name im Bereich der Botanik.
Hummerscheren (Helikonien) nennen sich eine Gattung der Familie der Helikoniengewächse. Diese Pflanzen haben einen sehr dekorativen Blütenstand und werden deshalb auch Falsche Paradiesvogelblumen genannt.

Hundekälte

Große, unangenehme, grimmige Kälte, bei der man nicht einmal den Hund vor die Tür jagt.

Hundeleben

benennt das Leben eines Hundes, wird aber auch umgangssprachlich zur Charakterisierung eines elenden Menschenlebens benutzt.

Hundesohn

wird als Schimpfwort gebraucht für einen niederträchtigen, gemeinen Mann.

Hundeschnauze

Das wichtigste Sinnesorgan des Hundes ist seine Nase, die als Schnauze bezeichnet wird und normalerweise kalt und feucht ist.

Die Redensart „kalt wie eine Hundeschnauze" bedeutet gefühllos sein, hartherzig, mitleidlos.

Hundewetter

nennt man ein sehr schlechtes Wetter, bei dem man keinen Hund aus dem Haus scheucht.

Hundstage

Mit Hundstage – genauer „Tage vom großen Hund" werden in Europa die heißesten Tage des Sommers zwischen dem 23. Juli und dem 23. August bezeichnet, abgeleitet vom Sternbild Großer Hund, das in dieser Zeit gut sichtbar ist.

Hundszunge

Neben dem Organ, das dem Hund nach anstrengendem Sprint manchmal aus dem Maul ragt, ist es eine in Deutschland häufig vorkommende Pflanzenart der gleichnamigen Gattung aus der Familie der Raublattgewächse.

Die Blätter und Wurzeln der echte Hundszunge (*Cynoglossum officinale*), auch Hundspetersilie genannt, werden volksmedizinisch wegen ihrer adstringierenden und sedativen Wirkung innerlich und äußerlich verwandt.

Igelkolben

Kolben ist eine scherzhafte Bezeichnung für eine stattliche Nase (z.B. Riechkolben). Doch ist damit nicht die Nase des Igels gemeint. Die Igelkolben (*Sparganium*) sind eine Gattung der Rundkolbengewächse, die in der feuchten Umgebung von Gewässern wachsen und gelb blühen. Der Name ist abgeleitet von der Form der Früchte.

Kälberkropf

Wie oft Kälber unter Kröpfen leiden, ist mir nicht bekannt. Es geht jedoch bei diesem Namen nicht um eine Kälberkrankheit sondern um eine Pflanzengattung (*Chaerophyllum*) aus der Familie der Doldengewächse.

Alle Spezies wie Hecken-, Gold-, Behaarter oder Knolliger Kälberkropf sind giftig.

Der Name bezieht sich auf die keulenartigen Stängelknoten.

Kalter Hund

ist ein süßes Gebäck, das die nicht gebacken wird, daher „kalt". Es besteht aus mehreren Schichten Butterkeks und einer fetthaltigen Schokoladenmasse. Die Köstlichkeit muss im Kühlschrank durchkühlen und fest werden, bevor sie serviert wird.

Kamel

Kamele sind eine Säugetierfamilie. Man unterscheidet mundartlich das Trampeltier (mit zwei Höckern) vom Dromedar (mit einem Höcker).

Als Haupttugenden des Kamels werden ein Mangel an Intelligenz und ein störrisches Wesen betrachtet.

Abwertend wird Kamel als eine Bezeichnung für Dummkopf, Tölpel, Trottel verwandt.

Redensarten: „Ich Kamel habe noch …" und – auf die Größe der Kamele anspielend – „Eher geht ein Kamel durch ein Nadelöhr".

Kammerkätzchen

Kammerjungfrauen, die sich beliebt machen wollen, verhalten sich besonders liebenswürdig und schmeicheln ihrer Herrin. Man nennt sie Schmeichel- oder Kammerkätzchen. Heute gehört Kammerkätzchen in die Liste der bedrohten Wörter.

Kater

Als Kater bezeichnet man die Nachwehen eines Rausches. Der Begriff ist wahrscheinlich von Katarrh abgeleitet sein.

Katzenaugen

Außer den Augen einer Katze sind es kleine, runde Glaskörper mit gewölbter Oberseite und verspiegelter Rückseite, die einfallendes Licht reflektieren. Sie dienen zur Sicherheit im nächtlichen Straßenverkehr, wenn sie beispielsweise an Fahrrädern montiert sind.

Katzenbuckel

Neben dem Buckel einer Katze und der übertrieben demütigen Weise, sich zu verbeugen, (Redensart: Er macht einen Katzenbuckel) heißt so die höchste Erhebung des Odenwalds. Es ist ein 626 Meter hoher, erloschener Vulkan, dessen Geologie wegen seltener Gesteine und Mineralien Gegenstand zahlreicher wissenschaftlicher Untersuchungen war.

Katzengold

ist ein Synonym für den goldgelben Pyrit (FeS_2) oder für metallisch-gelblich glänzende Verwitterungsprodukte verschiedener Mineralien.

Mit Katzen hat der Begriff nichts zu tun. Der Ursprung des Wortes kann unterschiedlich gedeutet werden. Eine der Ableitungen bezieht sich auf das Wort Ketzer (Irrgläubiger). Aus „Ketzergold" = falsches Gold wurde dann „Katzengold".

Katzenjammer

Mit Katzenjammer werden die Nachwehen eines Rausches – eines „Katers" – bezeichnet. Der Name ist möglicherweise aus Kotzen-Jammer entstanden, einem früher in Studentenkreisen gebrauchten Ausdruck.

Katzenkopf

Neben der wörtlichen Bedeutung als Kopf einer Katze wird dieser Ausdruck noch zur Bezeichnung einer Handlung und eines Objektes benutzt.

Die Handlung besteht in einem kurzen, kräftigen Schlag mit der Hand auf den Hinterkopf (natürlich nicht des eigenen).

Das Objekt ist ein gehauener Pflasterstein, der nicht größer und nicht kleiner ist als ein Katzenkopf.

Katzenmusik

Wer einmal das nächtliche Heulkonzert rolliger Katzen gehört hat, wird verstehen, dass man eine unmelodische, misstönende Musik mit durcheinander klingenden Tönen Katzenmusik nennt.

Katzenpfötchen

sind die Pfötchen von Katzen und außerdem eine Pflanzengattung aus der Familie der Korbblütler.

Katzenschwanz

Der Katzenschwanz, der je nach Katzenart aus 18 bis 23 Wirbeln besteht, ist nicht nur Teil ihrer Schönheit, sondern erfüllt auch Funktionen als Balanceorgan und Stimmungsbarometer.

Katzenschwanz ist weiterhin der Trivialname verschiedener Pflanzenarten.

Katzenschwänzchen

Ist eine Pflanzenart aus der Familie der Wolfsmilchgewächse.

Katzenschweif

ist auch eine Pflanzenart aus der Familie der Korbblütler.

Katzensprung

bezeichnet einen kurzen Weg oder eine Grätsche am Langpferd. Beim Ballett spricht man auch von einem „Pas de Chat".

Katzentisch

ist die umgangssprachliche Bezeichnung für einen etwas abseits stehenden oder ungünstig platzierten Tisch, der für Kinder und Dienstpersonal (z. B. den Chauffeur) vorgesehen ist und nicht zur engeren Tischordnung gehört.

Katzenwäsche

Hauskatzen sind meistens wasserscheu und putzen ihr Fell durch Lecken. Einen Waschvorgang, der mit einem Minimum an Wasser auskommt, nennt man daher Katzenwäsche.

Katzenzungen

Mit diesem Terminus werden außer den echten Zungen der Katzen 5 bis 8 cm lange Schokoladeplätzchen bezeichnet, die in ihrer Form an die Zungen von Katzen erinnern.

Kauz

ist ein drolliger, sonderbarer Vertreter der Eulen-Familie.
Im übertragenen Sinne wird ein sonderbarer, eigenbrötlerischer Mensch als Kauz bezeichnet.
Synonyme: Außenseiter, Eigenbrötler, Sonderling,

Kiebitz

Der Kiebitz ist ein Vogel aus der Familie der Regenpfeifer, mit weißem Bauch, scharf abgegrenztem schwarzem Halsband und einer schwarzen, zweizipfligen Haube.

Umgangssprachlich ist Kiebitz die Bezeichnung für einen neugierigen Menschen, der oft unerwünschte Ratschläge erteilt und sich gerne beim Karten- oder Schachspiel als störender Zuschauer einmischt. Das entsprechende Verb heißt kiebitzen.

Klammeraffe

Es gibt ihn tatsächlich in Mittel- und Südamerika und er rechtfertigt seine Bezeichnung. Umgangssprachlich hat der Name aber drei verschiedene Bedeutungen. Man bezeichnet damit einen Menschen, der sich mit „Händen und Füßen" einschließlich Armen und Beinen an ein Objekt oder einem anderen Menschen festhält (klammert), beispielsweise eine „Motorradbraut" auf dem Beifahrersitz. Am Schreibtisch wird der Klammeraffe gebraucht, um zwei oder mehrere Blätter zusammen zu heften.

Schließlich finden wir ihn als @ in E-Mail-Adressen. Andere Bezeichnungen für @ sind Affenschaukel und Elefantenohr (s. dort).

Klapperschlange

Die Klapperschlange ist eine giftige Schlange aus der Gattung der Grubenottern. Eine ihrer charakteristischen Eigenschaften ist das Schwanzrasseln oder -klappern, das sie bei drohender Gefahr veranstaltet. Ermöglicht wird dieses Geräusch durch lose miteinander verbundene Hornringe am Schwanzende.

Umgangssprachlich wird das Wort auch scherzhaft für die Bezeichnung einer bösartigen Frau benutzt.

Kleiner Bär

ist der Name eines aus sieben großen Sternen bestehenden Sternbilds in der Nähe des Polarsterns.
Synonym: Kleiner Wagen.

Kleiner Fuchs

Mit der Bezeichnung „kleiner Fuchs" kann außer dem jungen oder klein geratenen Säugetier – das als Fabelwesen Reineke genannt wird – ein Schmetterling aus der Familie der Edelfalter gemeint sein (*Aglais urticae*).

Möglicherweise wird er wegen seiner Flexibilität, die seine Aufenthaltsorte und seine Flugstrecken betreffen, als schlauer Fuchs unter den Tagfaltern betrachtet.

Das Synonym Nesselfalter bezieht sich auf die Brennnessel als Futterpflanze.

Krähenfüße

Das Wort Krähenfüße hat mundartlich drei verschiedene Bedeutungen.

– Es ist eine Bezeichnung für Verteidigungswaffen wie Wurfeisen oder Fußangeln. Sie besitzen vier eiserne spitze Endungen, die tetraedrisch angeordnet sind.

– In Bezug auf die schwarzen Füße der Krähen werden unleserliche Gekritzel so genannt.

– Schließlich bedeuten Krähenfüße feine schwarze Linien, die im Gesicht eines Menschen vom Augenwinkel ausgehend, strahlenförmig nach außen verlaufen.

Krähennest

Neben dem, was der Name sagt, nämlich Nest einer Krähe, wird damit in der Seemannssprache der Mastkorb am vordersten Mast eines großen Segelschiffes bezeichnet.

Er dient als Ausguck, von dem aus ein Matrose andere Schiffe, Ufer eines sich nahenden Landes, Gefahren und alle wichtigen Vorkommnisse dem Kapitän zu melden hat.

Die Funktion des Krähennestes ist heute weitgehend durch den Radar ersetzt.

Der Name Krähennest beruht auf dem Umstand, dass man früher tatsächlich Krähen mit an Bord nahm, die bei Bedarf freigelassen wurden und in Richtung Land flogen. Das Schiff konnte dann der Flugrichtung der Krähen folgen.

Krause Glucke

Parasitischer Pilz (*Sparassis crispa*), aus der Familie der Gluckenverwandten (*Sparassidaceae*), mit einem großen, ockerfarbenen Fruchtkörper, der einem Badeschwamm ähnelt, aus dem ein sehr schmackhaftes, köstliches Pilzgericht bereitet werden kann.

Krebs

Umgangssprachlich benennt Krebs einen Sammelbegriff für verschiedene Krankheiten (Tumore), bei denen Körperzellen unkontrolliert wachsen.

Medizinisch werden unterschieden:

Karzinome = maligne (bösartige) epitheliale (obere Zellschichten betreffende) Tumore und

Sarkome = maligne mesenchymale (Stützgewebe und Weichteile betreffende) Tumore.

Der deutsche Name Krebs für Tumore entspricht dem altgriechischen Wort *karkinos*, mit dem sowohl das Tier als auch die Krankheit bezeichnet wurde.
Hippokrates benutzte den Namen für die Bezeichnung von Geschwüren und Geschwülsten.

Krebsgang

Die eigenartige Fortbewegungsart der Krabben nennt man Krebsgang.
In der Musik (Kontrapunktik) versteht man darunter die horizontale Spiegelung einer Notenfolge bzw. Das Rückwärtsspielen einer Notenpassage.
Im allgemeinen Sprachgebrauch kann man damit einen Rückschritt, eine rückläufige, sich verschlechternde Entwicklung bezeichnen.
Günter Grass hat übrigens eine Novelle geschrieben, die den Titel Krebsgang trägt.

Krebsschere

Das Wort beschränkt sich nicht nur auf die Benennung des Greiforgans eines Krebses sondern ist auch der Trivialname einer Wasserpflanze (*Stratiotes aloides*) aus der Familie der Froschbiss-Gewächse.
Die mit den Trivialnamen Hummerschere und Krebsschere bezeichneten Pflanzen gehören botanisch zu zwei verschiedenen Pflanzenfamilien.

Krokodiltränen (Krokodilstränen)

ist eine Bezeichnung für Tränen, die Mitgefühl und Rührung vortäuschen. Wenn Krokodile ihre Beute verschlingen, drückt der Kiefer auf die Tränendüsen, wodurch es zu einem Tränenfluss kommt. Zu Zeiten der Kreuzzüge glaubte man, dass das Krokodil seine Beute durch Weinen und Schluchzen anlocke. Kinder setzen oft Tränen als Druckmittel ein, um ein Ziel zu erreichen. Solche willentlich erpressten Tränen sind ebenso unecht, wie die des Krokodils. Sie sind falsch und heuchlerisch.

Redensart: Krokodilstränen vergießen.

Kuckuck

ist eine bekannte Vogelart (*Cuculus canorus*) aus der Familie der Kuckucke, benannt nach dem charakteristischen Ruf des Kuckucksmännchens

Mit Kuckuck wird weiterhin das Pfandsiegel des Gerichtsvollziehers bezeichnet, das früher mit dem Reichsadler versehen war. Dieser wurde abwertend als Unglückbringender Kuckuck bezeichnet.

Kuckucksei

Was ist das Besondere am Kuckucksei?

Es wird vom Kuckuck in die Nester fremder Vögel gelegt. Nach dem Schlüpfen wirft der noch nicht flügge Kuckuck die anderen Eier oder die bereits geschlüpften Vögelchen aus dem Nest und lässt sich von den unbeabsichtigten Gasteltern ernähren.

Unter Kuckucksei versteht man umgangssprachlich etwas, das einem anderen untergeschoben wird und sich von zweifelhaftem Wert entpuppt oder unangenehme Folgen hat.

Kuckucksei ist auch eine treffliche Bezeichnung für einen Schmarotzer, der auf Kosten anderer lebt.

Salopp formuliert bedeutet Kuckucksei weiterhin das Kind eines anderen Vaters, das in der Familie großgezogen wird.

Kuhauge

wird ein großes, rundes, meist braunes, still vor sich hinblickendes Auge genannt.

Es ist weiterhin der Name eines Schmetterlings (*Maniola jurtina*), der zu den Tagfaltern gehört und auf der Unterseite der hinteren Flügel einen augenähnlichen Fleck aufweist.

In der griechischen Mythologie galten Kuhaugen für besonders schöne Augen. Homer spricht z.B. von der kuhäugigen Pallas Athene.

Kuhfuß

ist ein gekrümmtes, stangenförmiges, 50 bis 100 cm langes Werkzeug, das die Zimmerleute zum Aufhebeln oder Nagelziehen benutzen.

Leider wird es auch als Einbruchswerkzeug zum Aufhebeln von Wohnungs- und Zimmertüren verwandt.

Kuhhandel

bedeutet einen undurchsichtigen Handel, einen zwielichtigen Tausch, eine unlautere Vereinbarung.

Der Begriff geht auf den Viehhandel zurück, bei dem gelegentlich betrogen wurde.

Ferner ist Kuhhandel ein Gesellschaftsspiel mit speziellen Spielkarten.

Kuhschelle

ist der Name eines Hahnenfußgewächses (*Pulsatilla vulgaris*) mit glockenförmigen, hellvioletten Blüten.
Synonym: Küchenschelle.

Lachtaube

ist eine Vogelart aus der Familie der Tauben, deren Ruf an ein Lachen erinnert.
Man könnte damit scherzhafterweise eine weibliche Person bezeichne, die dauernd kichert und lacht.

Lackaffe

Er gehört zwar wie die echten Affen zu den Primaten, gemeint ist aber ein eingebildeter Mann, ein Schönling, ein Geck, ein Snob, ein Stenz. Vielleicht hat er gelackte Haare und trägt Lackschuhe
Synonym: Feiner Pinkel.

Landratte

Außer einer Ratte, die auf dem Land lebt, wird damit ein Mensch bezeichnet, der nicht gerne zur See fährt. Die Wasserratte (s. dort) ist ein Antonym zu Landratte, bezeichnet also einen Menschen, der gerne zur See fährt.

Laufender Hund

Damit wird nicht nur ein Hund bezeichnet, der gerade läuft, sondern ein antiker Fries, der wie ein abgerundeter Mäander aussieht.
Das Ornament gleicht Wellen, die sich überschlagen.

Laufkatze
auch Krankatze genannt, ist ein beweglicher Kranbauteil, der auf Schienen, Seilen oder Trägern Lasten in einer Richtung horizontal bewegen kann.

Lausbub(e)
Lausejunge, Lauser und ähnliche Namen sind scherzhafte Bezeichnungen für einen frechen, ungezogenen, zu Streichen aufgelegten Jungen, der oft aus Protest gegen die Vorgesetzten handelt, aber im Gegensatz zum Spitzbuben keine schlimmen, kriminellen Taten vollbringt.

Läuseallee
oder Lausallee ist eine scherzhafte Bezeichnung für einen gerade gezogenen Scheitel (auf dem reelle oder imaginäre Läuse entlang marschieren könnten).

Lausrechen
oder Läuserechen ist ein humoristisches Synonym für einen Kamm.

Leberegel
Der Leberegel ist ein in der Leber und Gallenblase von pflanzenfressenden Tieren wie Rinder und Schafe parasitierender Saugwurm, der auch Menschen befallen kann.

Leseratte
Gemeint ist eine Person, die sehr gerne und sehr viel liest.
Synonyme: Bücherfreund, Büchernarr, Bücherwurm (s. dort).

Leithammel

ist das Leittier einer Schafherde.

Der Name wird auch zur Bezeichnung einer Person benutzt, der andere Personen, bereitwillig und gedankenlos folgen. Der Leithammel kann auch ein Streithammel sein (s. dort).

Löwenherz

Richard I. Plantagenêt, (1157 – 1199), genannt „Löwenherz" wegen seines Mutes, seiner Tapferkeit und ständigen Kampfbereitschaft, war der dritte Sohn König Heinrichs II. von England und Eleonore von Aquitanien. Von 1177 bis zu seinem Tod war er König von England. Von Kaiser Heinrich VI. wurde er gefangen und auf der Burg Trifels bei Annweiler in der Pfalz eingekerkert.

Löwenmähne

bezeichnet eigentlich die Mähne des Löwen, wird aber auch benutzt, um ein fülliges, langes Haar eines Menschen zu charakterisieren.

Löwenmaul oder Löwenmäulchen

sind außer ihrer wörtlichen Bedeutung eine Pflanzengattung, die man lange Zeit der Familie der Braunwurz-Gewächse zugeordnet hat, heute jedoch aufgrund molekularbiologischer Erkenntnisse in die Familie der Wegerich-Gewächse einordnet.

Löwenmäulchen sind anspruchslos, als Pflanzen leicht zu pflegen und sehr farbenfroh. Die Blüten besitzen eine maskenartige Form, was der Grund der Namensgebung für die Pflanze gewesen sein mag.

Löwenohr
Ähnlich gefärbt wie die echten Ohren eines Löwen sind die Blüten einer als Löwenohren bezeichneten Pflanzengattung aus der Familie der Lippenblütler.

Löwenzahn
„Gefährlich ist's, den Leu zu wecken, verderblich ist des Tigers Zahn".
Der Löwenzahn kann aber auch als junge gelb blühende Pflanze aus der Familie der Korbblütler als gesundheitsfördernder Salat genossen werden und wächst sich zu einer Pusteblume aus.

Luchsaugen
Der Luchs ist wie der Adler ein scharfäugiges Tier. Deshalb sagt man von einer Person mit dieser Eigenschaft, sie habe Luchsaugen. Erklärbar werden damit auch die Verben abluchsen und beluchsen.

Lumpenhund
Der Lumpenhund ist kein Hund, der Lumpen frisst oder in Lumpen gekleidet herum läuft, sondern ein widerlicher, unangenehmer, durch sein Benehmen abstoßender Mensch.
Synonym: Ekel, Gangster, Gauner, Halunke, Schuft, Schurke, Spitzbube.

Lustmolch

Der Bezeichnung Molch für einen Mann haftet schon ein negatives „Geschmäckle" an.

Der Molch ist ein glitschiges, hässliches Tier. Lustmolch wird ein Mann (seltener auch eine Frau) mit ausgeprägter Sexbegierde genannt.

Synonyme: Lüstling, Schürzenjäger.

Antonym: Sexmuffel.

Maibock

wird ein Rehbock genannt, der in seinem zweiten Lebensjahr im Mai gejagt werden darf.

Zu gleicher Zeit kann auch ein Starkbier getrunken werden, das den gleichen Namen trägt.

Martinsgans

Der heilige Martin war ein bescheidener, zurückhaltender Mann, der sich – als man ihn zum Bischof von Tours wählen wollte – in einem Gänsestall versteckte. Die Gänse verrieten ihn aber durch ihr Geschnatter und er wurde gewählt. Nach seinem Tode am 8. November 397 wurde er am 11. November unter großer Beteiligung der Bevölkerung beerdigt. Dieser Tag wurde zu seinem jährlichen Gedenktagtag, an dem Gänse gebraten und als Vergeltung für ihren Verrat verzehrt werden.

Maulaffe

Eine Affenspezies mit der Bezeichnung Maulaffen ist bis heute nicht bekannt. Früher gebrauchte man das Wort für Gaffer. Die Redensart „Maulaffen feilhalten" bedeutet herumstehen, staunen und dabei mit offenem Mund dümmlich aussehen.

Der Name ist wahrscheinlich aus dem Plattdeutschen „he holt's Mul apen" = er hält das Maul auf, zum hochdeutschen Maulaffen übertragen worden.

Im Labor versteht der Chemiker unter einem Maulaffen einen großen Erlenmeyerkolben mit runder, breiter Öffnung.

Bekannt ist noch eine weitere Bedeutung: Im Mittelalter wurde ein kopfähnlicher Kienspan-Halter aus Ton als Maulaffe bezeichnet.

Maulwurf

Neben dem Namen für ein bekanntes, lichtscheues, insektenfressendes Säugetierchen wird der Begriff gebraucht zur Kennzeichnung eines Spions, der mithilfe eines Tarnnamens unter falscher Identität arbeitet.

Der Maulwurf ist ein kleines Tier, das Erde auswirft. Das erklärt den Wortteil „wurf". Das „Maul" ist aber nicht die vulgäre Bezeichnung von Mund sondern kommt vom mittelhochdeutschen Wort „molt" = Erde.

Mauseohren, Mausohren, Mausöhrchen und Mäuseöhrchen

- Als Mauseohren wird eine Fledermäuse-Gattung bezeichnet, die zur Familie der Glattnasen gehört.
- Mausohr ist einer von vielen Trivialnamen für den Haselwurz (*Asarum europaeum*).
- Mausöhrchen (*Aichryson*) sind dem Hobbygärtner als kleine Sukkulenten (Dickblatt-Gewächse) mit ovalen, samtig behaarten Blättern bekannt.
- Das Mäuseöhrchen ist eine Schneckenart aus der Familie der Küstenschnecken.

Meefischle

ist die Bezeichnung einer mainfränkische Spezialität und besteht aus kleinen, frittierten Mainfischen. Der Name ist ebenso wenig wie jener von der Gimmeldinger Meerspinne (s. unten) vom Meer abgeleitet.

Es handelt sich um die mundartliche Aussprache von Main-fischchen.

Meerkatze

Meerkatzen ist die Bezeichnung einer Primaten-Gattung. Es sind Affen mit rundem Kopf und langem Schwanz.

Eine Erklärung der Herkunft des merkwürdigen Namens besteht darin, dass die Tiere eine gewisse Ähnlichkeit mit Katzen aufweisen und über das Meer, von Afrika nach Europa, gebracht wurden.

Meerschwein

Meerschweinchen sind eine Familie aus der Ordnung der Nagetiere. Ihr Stammland ist Südamerika.

Weil sie vermutlich von spanischen Seefahrern ebenfalls übers Meer nach Europa gebracht wurden, ihr Quieken an das von europäische Hausschweinen erinnert und ihre ge-drungene, schwanzlose Gestalt den Eindruck von niedlichen Minischweinen vermittelt, wurden sie Meerschweinchen ge-nannt.

Meerspinne

Die Meerspinne ist eine im Atlantik und Mittelmeer lebende Dreieckskrabbe, die sich von Algen und Moostierchen ernährt. Der Name ist von ihren langen, dünnen Beinen abgeleitet. In Mittelmeerländern wird sie als kulinarische Köstlichkeit ge-schätzt.

Synonym: Seespinne.

Die „Gimmeldinger Meerspinne" ist eine Weinlage des Pfälzer Winzerorts Gimmeldingen bei Neustadt an der Weinstraße. Der Name hat weder mit einer Spinne noch mit dem Meer zu tun sondern leitet sich von mehrspännig bzw. Mehrspänner ab. Wegen der Hanglage der Gemarkung war es notwendig, bei beladenem Wagen ein zweites Zugpferd einzusetzen.

Mehlwurm
Die Larven des Mehlkäfers aus der Familie der Schwarzkäfer werden wegen ihres wurmartigen Aussehens als Mehlwürmer bezeichnet. Es sind Vorratsschädlinge.

Mondkalb
Als Mondkälber wurden im Mittelalter Missgeburten von Rindern bezeichnet.
Dies geschah, weil man Fehlgeburten auf den schädlichen Einfluss des Mondes zurückführte.
Umgangssprachlich ist damit ein einfältiger, dummer Mensch gemeint, ein Tölpel, ein Idiot etc.
Redensart: Schaut (aus) wie ein Mondkalb.

Moschushirsch
Moschushirsche oder Moschustiere sind eine mit den Hirschen verwandte Paarhufer-Familie. Die männlichen Tiere produzieren in einer vor den Geschlechtsorganen liegenden Drüse ein als Moschus oder Bisam bezeichnetes Sekret, das in getrocknetem Zustand eine klebrige Masse von rötlichbraun gefärbten Körnern bildet.
Das teure Produkt von durchdringendem Geruch wird vor allem in der Parfümindustrie als Fixativ gebraucht. In der Volksmedizin und heute noch in der Traditionellen Chine-

sischen Medizin, wird Moschus als Mittel gegen verschiedene Erkrankungen eingesetzt.

Das erste gesamtdeutsche Arzneibuch von 1872 (Pharmacopoea Germanica) enthielt Moschus als Monographie.

Murmeltier

Murmeltiere sind eine Erdhörnchenart und als Nagetiere relativ groß. Der Name hat weder etwas mit dem Substantiv Murmel noch mit dem Verb murmeln zu tun. Er ist abgeleitet vom lateinischen *mus montis* = Bergmaus.

Murmeltierfett wird als ein altes Hausmittel zu schmerzlindernden und entzündungshemmenden Salben bei Gelenkbeschwerden verarbeitet. Die Wirkung schreibt man den im Tierfett enthaltenen Steroidhormonen zu.

Nachteule

Eulen sind bekanntlich nachtaktive Vögel.

Umgangssprachlich bedeutet Nachteule eine Person, die gerne bis in die späte Nacht hinein nicht schlafen geht sondern ausgeht, arbeitet oder Bücher liest oder in die „Glotze" schaut.

Synonyme: Nachtvogel, Nachtschwärmer.

Naschkatze

nennt man jemanden, der gerne und viel nascht.

Katzen sind naschhaft und stehlen gerne Speisen.

Synonyme: Leckermaul, Schlecker.

Natternkopf

Nattern- oder Natterköpfe sind eine Pflanzengattung aus der Familie der Raublatt-Gewächse. Natternkopf ist nur einer von zahlreichen Trivialnamen für die Pflanzenart *Echium vulgare*.

Nesthocker

Zoologisch bezeichnet man damit ein unterentwickeltes oder schwaches Tier, das noch der elterlichen Pflege im Nest bedarf.

In der saloppen Umgangssprache ist damit ein nicht mehr jugendlicher Mensch gemeint, der sich nicht entschließen kann, das Elternhaus zu verlassen.

Nilpferd

siehe Flusspferd

Ochsenauge

Außer der realen Bezeichnung für das Auge eines Ochsen ist Ochsenauge

- der Name einer Pflanze aus der Familie der Korb-blütler,
- der Name verschiedener Schmetterlinge,
- die Benennung einer architektonische Fensterform (Rundfenster),
- die Bezeichnung eines Blinkers am Lenker von Motor-rädern,
- der Name eines Gebäcks,
- die regionale Bezeichnung für ein Spiegelei,
- medizinisch die Bezeichnung eines krankhaft vergrö-ßerten Augapfels,
- (Hydrophthalmus).

Ochsenzunge

Ochsenzungen sind – kennerhaft zubereitet – ein kulinarische Köstlichkeit.

Der Name ist aber nicht nur für das Organ im Maul des Ochsen reserviert, sondern dient auch als Bezeichnung für
- eine Pflanzengattung aus der Familie der Raublatt-Gewächse,
- einen essbaren Pilzes (Leberpilz) und sogar für
- eine Waffe in Form eines langen Dolches, die wehrhafte Bürger im Mittelalter trugen.

Ochsenblut

Das beim Schlachten anfallende Ochsenblut wurde früher von Bauern als Anstrichfarbe verwendet.

Heute nennt man auch ein Mixgetränk Ochsenblut. Es besteht aus dem Inhalt einer Flasche Champagner und einem kräftigen Schuss rotem Burgunder und war eine Spezialität des berühmten Königsberger Lokals Blutgericht.

Ohrwurm

ist kein Wurm, vielmehr eine Insektenordnung (*Dermaptera*), die zu den Fluginsekten gehört.

Im Mittelalter wurde diese Insekten in getrockneter und pulverisierter Form als Mittel gegen Ohrkrankheiten und Taubheit verwandt.

Eine andere Deutung bezieht sich auf das Wort Öhrwurm, wegen der Ähnlichkeit der Hinterzange des männlichen Ohrwurms mit einem Nadelöhr.

Umgangssprachlich ist der Ohrwurm eine Melodie, ein Lied, ein Schlager, ein Hit oder ein klassisches Musikstück, mit hohem Wiedererkennungswert, das dem Hörer lange Zeit nicht aus dem Sinn geht.

Osterlamm

Am Passahfest ein Lamm zu schlachten war ein jüdischer Brauch. Später gehörte das Schlachten eines Lamms zur Feier des christlichen Osterfestes. Daher die Bezeichnung Osterlamm.

Heute wird an Ostern kaum noch ein Lammbraten gegessen. Dafür backt man ein Lamm aus Biskuit oder Rührteig.

Otter

Die Otter ist entweder ein Säugetier oder eine Schlange.

Wenn es um eine Schlange geht, so gehört sie in die Familie der Vipern, von welchen es weltweit 24 verschiedene Arten gibt und hat einen „Vornamen" wie Kreuzotter, Bergotter, Wiesenotter, Kaukasusotter und einige andere.

Die Otter als Säugetier gehört zu den Mardern, lebt in und am Wasser, hat ein dichtes glänzendes Fell und einen langen, runden Schwanz sowie Schwimmhäute zwischen den Zehen. Zur Verwandtschaft zählen u. a die Fischotter, die Seeotter, die Riesenotter und die Zwergotter.

Papageienschnabel

Außer für den Schnabel des sprachbegabten Vogels wird der Name auch von einer Pflanzengattung aus der Familie der Hülsenfrüchtler in Anspruch genommen.

Die stattliche, bunte Blüte der auch als Ruhmesblume benannten Pflanze gleicht tatsächlich einem Vogelschnabel. Spanisch heißt die Pflanze Pico de Paloma, also Tauben-schnabel.

Wenn wir uns noch weiter und sehr sorgfältig auf die Suche nach dem Gebrauch des Terminus Papageienschnabel machen, so finden wir noch eine Zange mit einstellbarer Amplitude und einen kupfernen Destillierkolben.

Papiertiger

Als Papiertiger bezeichnet man einen Menschen, der sich mächtig und einflussreich gibt, tatsächlich aber bedeutungslos ist bzw. eine Person oder eine Sache, die nur scheinbar gefährlich und machtvoll ist.
Synonyme: Prahler, Bluffer.

Pechvogel

ist die Bezeichnung für einen vom Missgeschick verfolgten Menschen, also für jemanden, der oft Pech hat.
Der Name ist von der mittelalterlichen Vogeljagd abgeleitet. Damals wurden Vögel mit Hilfe pechbestrichener Leimruten gefangen, an denen sie kleben blieben.
Synonym: Unglücksrabe.
Antonym: Glückskind.

Pfauenauge

Wenn der männliche Pfau ein Rad schlägt sind an jeder Schmuckfeder schillernde, irisierende, runde Flecken zu sehen, die man Pfauenaugen nennt.

Als Pfauenauge werden auch verschiedene Schmetterlings-arten bezeichnet.
Das Tagpfauenauge aus der Familie der Edelfalter war der Schmetterling des Jahres 2009. Außerdem gibt es ein Abend-pfauenauge und ein Nachtpfauenauge.

Pfauenthron

Der in Indien erbeutete und nach Persien gebrachte, heute als verschollen geltende Pfauenthron war ein mit Blattgold und 26.733 Edelsteinen verzierter Thronsessel der Persischen Herrscher.

Pferd

Neben dem lebendig-springenden, Hafer-fressenden, galoppierenden oder trabenden edlen Ross und dem schwer schuftenden Ackergaul, gibt es da noch einen fest stehenden, unbeweglichen, im Körperumfang vergleichbaren Genossen, der als Turngerät dient.

Pferdeapfel

Pferdeäpfel, Pferdeäppel oder Rossknödel nennt man wegen ihrer typischen Form und Größe die Losung der Pferde.

Pferdefuß

ist eine Bezeichnung für eine verborgene Unannehmlichkeit, eine negative Überraschung, eine Hinterlist, eine nachteilige Eigenschaft einer Sache.

Nach volkstümlicher Meinung hatte der Teufel einen Pferdefuß.

Pferdekur

Ein Pferd ist ein großes, starkes, ungestümes Tier. Für seine medizinische Behandlung braucht man daher auch große Mengen stark wirkender Mittel.

Auf den Menschen übertragen bedeutet Pferdekur oder Rosskur eine unangenehme, drastische Behandlung.

Wenn ein Arzt, ein Humanmediziner, übermäßig starke Arzneimittel oder zu hohe Dosen verordnet, wenn er unsanft mit dem Patienten umgeht, sich drastischer Methoden bedient, so nennt man das Pferdekur.

Synonym: Rosskur.

In früherer Zeit hatte sogar der Hufschmied die Funktion eines Baders. Seine kleinen chirurgischen Eingriffe am Menschen wurden aber meist als zu rabiat empfunden.

Pferdekuss

bezeichnet umgangssprachlich eine schmerzhafte Prellung (meistens) am Oberschenkel, versehen mit einem Hämatom (Bluterguss). Oft handelt es sich um eine Sportverletzung, wenn beispielsweise das Knie eines Fußballspielers den Oberschenkel seines Gegners rammt.

Der Name ist abgeleitet von dem kreisförmigen Hämatom, das entsteht, wenn ein (menschlicher) Körperteil vom Huf eines auskeilenden Pferdes getroffen – scherzhaft formuliert geküsst – wird.

Pferdeschwanz

Außer dem Schwanz des Pferdes kann damit ein am Hinterkopf zusammen gebundenes und lose herabfallendes Haar eines Menschen gemeint sein.

Pferdestärke

ist eine veraltete Leistungseinheit, die in Deutschland häufig noch mit dem Kürzel PS verwendet wird. Als anschauliche Maßeinheit für die Leistung von Motoren ist sie auf die Kraft eines Pferdes bezogen.

Pfingstochse

In Berggegenden Bayers, Österreichs und der Schweiz ist es heute noch Brauch, an Pfingstsonntag das Vieh zum ersten Mal im Jahr auf die Weide zu treiben. Dazu werden die Tiere in einer Prozession durch die Ortschaft geführt, wobei das kräftigste Tier mit Bändern, Blumen und Glocken geschmückt ist und als Pfingstochse die Herde anführt.

Umgangssprachlich wird als Pfingstochse ein Mensch benannt, der übermäßig herausgeputzt umherstolziert.

Redensart: Geschmückt wie ein Pfingstochse.

Platzhirsch

ist ein Hirsch, der sein Revier gegen seine Artgenossen und Nebenbuhler verteidigt, was besonders für die Brunftzeit gilt. Der Platzhirsch ist ebenso der Anführer eines Hirschrudels.

Im übertragenen Sinne ist er ein Mensch, der in einem Gremium den Ton angibt, der seine angestammten oder angemaßten Rechte erfolgreich verteidigt.

Im Bereich von Unternehmen und Produkten ist der Platzhirsch das Objekt, welches am besten oder stärksten etabliert und von erdrückender Marktstellung ist.

Synonyme: Leittier (weiblich), Alpha-Männchen (männlich).

Pleitegeier

Pleite bedeutet Geldmangel oder geschäftlichen Misserfolg mit Insolvenz. Als Allegorie der Pleite wird der Geier betrachtet. Er ernährt sich von Aas, also von Gestorbenem.

Wenn ein Betrieb oder Unternehmen abgestorben ist, schwebt der Pleitegeier symbolhaft über dem Haus und sucht nach verbliebenen Resten. Es droht der Bankrott.

Das Doppelwort Pleitegeier kann auch als ein scherzhaftes Synonym für das doppelsilbige Wort Kuckuck – die Plakette des Gerichtsvollziehers – betrachtet werden.

Wahrscheinlich hat jedoch in diesem Zusammenhang das Wort Geier als aasfressender Vogel nichts zu tun sondern geht auf das jiddische Geier = Geher zurück, bedeutet also Pleitegeher.

Pony

Das Pony ist ein kleines Pferd beliebiger Rasse mit Stockmaß 148 cm.

Der Pony ist eine Frisur, bei der die Haare in die Stirn gekämmt und gleichmäßig abgeschnitten sind.

Rabenaas

ist ein Schimpfwort, eine abwertende Bezeichnung für einen niederträchtigen Menschen, dessen Leiche man am liebsten den Raben zum Fraß hinwerfen möchte.

Rabeneltern

ist ein Schmähwort für Eltern, die sich wenig um ihre Kinder kümmern. Der Begriff ist von der falschen Vorstellung abgeleitet, dass junge Raben, nachdem sie das Nest verlassen haben, oft unbeholfen am Boden hocken und vernachlässigt erscheinen. In Wirklichkeit sorgen sich aber die echten Rabeneltern deutlich um ihre Jungen, auch dann noch, wenn diese schon flügge geworden sind.

Rabenschnabel

Jeder kann sich darunter etwas vorstellen, was keiner Erläuterung bedarf.
Raben können ihren Schnabel auch als Waffe gebrauchen. Man denke dazu an Hitchcocks Film „Die Vögel".
Rabenschnabel wird aber auch eine vielseitig einsetzbare Waffe genannt, die seit dem Mittelalter in Gebrauch war. Sie hat einen langen Stiel und einen Hammerkopf, der auf einer Seite spitz nach unten gebogen ist und damit einem Vogelschnabel ähnelt. Mit der gebogenen Spitze konnte man die Rüstung des Gegners aufhebeln.

Rabenschnabelbein

Beim Tranchieren eines gebratenen Hähnchens, einer gebratenen Ente oder Gans kommt es zum Vorschein. Es ist ein symmetrisch gebogener Knochen, der an einen Vogelschnabel erinnert, der Brustbeinkamm der Vögel.

Rattenschwanz

Der Rattenschwanz besteht aus bis zu 39 kleinen Wirbeln, während vergleichsweise der von den bekannten Großkatzen nur 21 bis 22 Wirbel enthält.

Deshalb ist es verständlich, wenn der Volksmund von einem Rattenschwanz spricht, wenn es um die Hintereinander-Folge von mehreren Dingen oder Ereignissen geht.

Weiterhin nennt man einen dünnen geflochtenen Zopf Rattenschwanz.

Raupe

Wir wissen doch, dass damit die Schmetterlingslarve bezeichnet wird, die borstig ist und auf mehreren winzigen Beinpaaren durch die Gegend kriecht.

Außerdem fällt uns ein, dass damit auch die Kurzform einer Planierraupe gemeint sein kann.

Wir sollten jedoch auch an ein aus Metallfäden geflochtenes Achselstück denken, das eine Uniform zieren und dessen Träger mit Stolz erfüllen kann.

Reblaus

ist eine Blattlaus, die die Blätter und Wurzeln von Weinstöcken benagt. Sie stellt ein bedeutender Schädling des Weinbaus dar.

Scherzhaft bezeichnet man damit einen Weinliebhaber.

Zitat aus dem Film *Sieben Jahre Pech,* gesungen von Hans Moser: *I muass im frühern Leben a Reblaus gewesen sein.*

Reiherschnabel

Reiherschnäbel sind eine Pflanzengattung aus der Familie der Storchenschnabelgewächse.

Reißwolf

ist kein wildes Tier sondern in der Sprache des Alltags ein Aktenvernichter oder Papierschredder.

Rhinozeros

Der Name entspricht dem lateinischen *rhinoceros*, dem wissenschaftlichen Namen des Nashorns.

Der Volksmund benutzt den Namen abwertend als Schimpfwort mit der Bedeutung Dummkopf, Tölpel, Trottel.

Rindvieh

bezeichnet die Gesamtheit aller Rinder auf einem Bauernhof oder den Viehbestand eines Ranchers.

Rindvieh kann auch schlicht Rind bedeuten.

Umgangssprachlich ist Rindvieh ein Schimpfwort für einen Dummkopf oder einen Menschen, der ein Ärgernis verursacht.

Rollmops

siehe Bismarckhering

Ross

Weniger bekannt ist, dass das Wort Ross neben seiner aufwertenden Bezeichnung für Pferd („das edle Ross") auch die abwertende Bedeutung für Dummkopf, Tölpel, Trottel beinhaltet.

Rosskur

siehe Pferdekur

Salonlöwe

Eine elegante, gewandte, jedoch oberflächliche Person, die gerne im Mittelpunkt der Gesellschaft steht.

Sauhund

siehe Schweinehund

Sauwetter

Die Vorsilbe „Sau" macht aus dem nachfolgenden Wortstamm mit einer Ausnahme immer eine schlechte, schmutzige, gemeine, unflätige Sache. Beispiele: Sauarbeit, Saubande, Saubengel, Saublatt (Zeitung), Sauhaufen, Sauhund, Sauklaue, Sauladen, Saustall.

Als Sauwetter bezeichnet man demnach ein sehr schlechtes Wetter.

Die Ausnahme heißt Sauglück oder saumäßiges Glück, womit ein großes Glück gemeint ist.

Das vornehmere Synonym von Sau wird ebenfalls mit Glück in Verbindung gebracht, wenn es heißt „Schwein gehabt".

Schaf

Das Wort Schaf wird wie die Wörter Esel und Kamel als Schimpfwort für minderintelligente Individuen gebraucht.

Schafkälte

Als Schafkälte (Schafskälte) wird ein Kälteeinbruch bezeichnet, der sich in Mitteleuropa, besonders in Deutschland, um den 11. Juni herum einstellt. Benannt ist diese Wetterlage nach der Schafschur, die Anfang Juni erfolgt. Die Schafe sind dann vorübergehend sehr kälteempfindlich.

Schafkopf

ist ein traditionelles, deutsches, besonders in Bayern beliebtes und verbreitetes Kartenspiel.

Schafskopf

ist neben der realen Bezeichnung für den Kopf eines Schafes ein Schimpfwort für einen einfältigen Menschen. Synonyme: Dummkopf, Simpel, Tölpel.

Schafspelz

Die Redensart „Wolf im Schafspelz", die eine Person bezeichnet, welche durch harmloses Auftreten eine böse Absicht verschleiert, geht auf eine Predigt von Jesus zurück. Dort heißt es „Hütet euch aber vor den falschen Propheten, die in Schafskleidern zu euch kommen, inwendig aber reißende Wölfe sind".

Schlangenmensch

wird ein Akrobat genannt, der nach jahrelangem Training und aufgrund seiner Veranlagung seinen Körper extrem verbiegen und seine Glieder verknoten kann.

Schlaufuchs

Schlauberger oder Schlaufuchs sind Bezeichnungen für schlaue, intelligente Menschen, von der Vorstellung ausgehend, dass der Fuchs ein besonders intelligentes und schlaues Säugetier ist.

Schleiereule

Diese Eule mit dem wissenschaftlichen Namen *Tyto alba* ist ein Vogel der etwa 200 Eulenarten. Charakteristisch ist ein herzförmiger Gesichtsschleier, nach dem sie ihren Namen hat. Doch wird damit auch scherzhaft eine verschleierte Nonne benannt.

Schluckspecht
Als Schluckspecht wird ein Vieltrinker oder starker Esser genannt, in Analogie zum Specht, der ein eifriger Insektensammler ist.
Ferner dient der Name auch für die Bezeichnung eines Autos, das viel Treibstoff verbraucht.

Schmierfink
Das Wort hat verschiedene Bedeutungen:
Man charakterisiert damit einen schmutzigen Menschen, man bezeichnet damit einen gewissenlosen Zeitungsschreiber, oder man meint einen die Anstandsgrenze überschreitenden Zotenerzähler.

Schnapphahn
Bezeichnung für einen Raubritter oder Wegelagerer, der im Mittelalter und der frühen Neuzeit geläufig war.
Synonyme: Freischärler, Strolch.

Schnapsdrossel
Humoristischer Ausdruck für einen Trinker hochprozentiger Spirituosen. Schnapsdrossel ist auch eine Bezeichnung für eine trinksüchtige Frau.

Schnecke

dieses Wort lässt etwa ein Dutzend verschiedene Deutungen zu, von denen eine Auswahl hier genannt sei:
– Weichtier, mit und ohne Schneckenhaus,
– spiralig-flaches- süßes Gebäck,
– bestimmtes, zylindrisches Gewinde,
– Bauteil von Streichinstrumenten,
– schneckenförmige Zopfform,
– Förderanlage für pulvriges Schüttgut,
– Innenteil des Ohrs.

Schnepfe

Schnepfen sind große Vögel mit langen Beinen und einem geraden Schnabel, die in Wäldern und Sümpfen leben.
Das Wort Schnepfe wird ferner salopp abwertend als Schimpfwort gegen Frauen und Mädchen benutzt und stark abfällig als eine Bezeichnung von Prostituierten.

Schwalbe

„Eine Schwalbe machen" heißt der Versuch eines Fußballspielers, durch beabsichtigtes, nicht durch einen Gegner verursachtes Hinfallen im Strafraum einen Elfmeter zu erreichen.

Außerdem nennt man auch ein bestimmtes Dienstabzeichen auf der Schulterklappe einer Uniform eine Schwalbe.

Schwalbenschwanz

Mit dieser Bezeichnung kann tatsächlich der Schwanz einer Schwalbe gemeint sein. Man kann darunter aber auch den langen Rockschoß eines Fracks verstehen und außerdem gibt es einen Schmetterling, der diesen Namen trägt. Ferner wird ein Verbindungsstück in der Holzindustrie Schwalbenschwanz genannt.

Schwanengesang

ist in der griechischen Mythologie ein trauriger, aber wunderschöner Gesang, den Schwäne kurz vor ihrem Tod anstimmen.

Heute wird als Schwanengesang das letzte Werk eines Musikers oder Dichters bezeichnet, neuerdings auch die letzte Rede eines Politikers.

Schwanenhals

Neben dem Hals eines Schwanes wird damit scherzhaft ein langer schlanker Hals eines Menschen bezeichnet. Ferner kann damit auch ein schlauchartiges, halbsteifes, biegsames Verbindungselement von Geräten gemeint sein.

Schwarze Katze

(black cat – manchmal übersetzt mit **Schwarzer Kater**) ist der Titel einer Kurzgeschichte von Edgar Allen Poe.

Schwarze Witwe

wird eine giftige Spinne (*Latrodectus mactans),* genannt, die zur Familie der Kugelspinnen gehört. Sie ist weltweit verbreitet. In Mitteleuropa existiert die Europäische Schwarze Witwe (*Latrodectus tredecimguttatus*). Sie ist tiefschwarz und hat auf dem Hinterleib rote Flecken. Leicht zu erkennen ist sie durch eine rote, eieruhrförmige Figur auf der Bauchseite des Hinterleibs.

Als Schwarze Witwe wird ferner ein US-amerikanisches Kampfflugzeug für Nachtangriffe bezeichnet.

Schwarzer Bär

ist nicht nur der Verwandte des Braunen Bärs oder der Name von Gaststätten und Hotels, sondern auch die Bezeichnung eines Schmetterlings (*Arctia villica*), der zur Unterfamilie der Bärenspinner gehört.

Schwarzes Schaf

Schwarze Schafe in einer Herde von weißen Schafen stellen eine farbliche Ausnahme dar. Im übertragenen Sinn bezeichnet man damit einen menschlichen Außenseiter, um ein Mitglied, das sich von seiner Gruppe abwertend (sozial) unterschiedlich verhält.

Schweinehund

Das Wort vereint in sich die negativen Eigenschaften beider Tiere.

Bildhafte Darrstellung der Willensschwäche, die einen Menschen daran hindert, schwierige, unangenehme, gefährliche Dinge auszuführen.

Synonyme: Halunke, Lump, Sauhund.

Redensart: Den inneren Schweinehund überwinden.

Schweinigel

ist kein Synonym für das Stacheltier, sondern ein deutsches Schimpfwort für einen nichtswürdigen, verkommenen, unreinlichen, unflätigen oder unmoralischen Menschen.

Das Wort lautete ursprünglich Schweinnickel (vergleiche Zornnickel). Die Umbenennung in Schweinigel ist deshalb naheliegend, weil der Igel infolge seines unangenehmen Geruchs als unreines Tier gilt.

Synonym: Sauigel.

Schweinsgalopp

Eine Sache im Schweinsgalopp erledigen heißt, sie schnell aber nicht sorgfältig auszuführen.

Schweinsohr

Als Schweinsohr wird ein schmackhaftes, süßes Gebäck aus Blätterteig bezeichnet, das in seinem Habitus einem Schweinsohr ähnlich sieht.

Schweinsohr ist ebenso der Name eines selten gewordener Pilzes (*Gomphus clavatus*) aus der Ordnung der Stinkmorchelartigen. Der Fruchtkörper gleicht entfernt einem echten Schweinsohr.

Seebär

ist im Gegensatz zur Landratte ein wetterharter Seemann, der auf dem Meer alt und grau geworden ist.

Seehase

Das Vorwort See lässt schon vermuten, dass kein auf dem Land lebendes Tier gemeint ist. Der Seehase lebt im Wasser, kann schwimmen und ist ein plumper Fisch (*Cyclopterus lumpus*) aus der gleichnamigen Familie der Seehasen.

Dieser Fisch wird auch Lump genannt, wohl abgeleitet aus dem lateinischen Namen. Nebenbei bemerkt ist das Weibchen größer als das Männchen. Das Fleisch des Männchens ist rosafarben, fester und wohlschmeckender als das schwammige des Weibchens. Aber das Weibchen kann bis zu 700 g Rogen produzieren, der, schwarz gefärbt, als „Deutscher Kaviar" gehandelt und verzehrt wird.

Seehund

Er ist eine Robbe aus der Familie der Hunderobben und lebt in den nördlich-gemäßigten Meeren.

Seeigel

sind trotz des Namens nicht mit dem Igel verwandt. Der Igel hat eine Wirbelsäule, während der Seeigel ein wirbelloses Tier ist. Er gehört dem Stamm der Stachelhäuter an, lebt in allen Meeren und kann aussehen wie ein kleiner Land-Igel.

Seekuh

Seekühe leben zwar im Wasser, sind aber pflanzenfressende, mit den Elefanten verwandte Säugetiere.

Seelöwe

Seelöwen sind Robben aus der Familie der Ohrenrobben, die in verschiedenen Erdteilen leben, nach welche sie benannt werden: Australischer, Kalifornischer, Neuseeländer Seelöwe, usw.

Seinen Name soll der Seelöwe wegen seiner Gesichtsbildung und der Farbe seines Fells erhalten haben, die an einen Löwen erinnern.

Seepferdchen

sind keine winzigen Säugetiere. Sie gehören trotz ihrer ungewöhnlichen Gestalt zu den Fischen aus der Familie der Seenadeln (*Syngnathidae*).

Seewolf

ist der Titel eines Romans von Jack London.

Silberfischchen

haben keine Kiemen, leben nicht im Wasser und sind auch keine Fische sondern flinke, lichtscheue, winzige, nachtaktive Insekten mit stromlinienförmigem, silbergrauem, flügellosem Körper, der in Form und Farbe an Fischchen erinnert.

Sie fressen nicht nur Reste aus der Küche, sie vertilgen auch Hausstaubmilben und Schimmelpilze und halten sich gerne in unseren Bädern und Toiletten auf.

Goldfische sind jedoch echte Fische.

Skihase

Hase oder Haserl wird oft zur humoristischen Bezeichnung einer weiblichen Person gebraucht.
Skihasen ist eine amüsante Bezeichnung für Skiläuferinnen. Ski laufende Männer versuchen oft, mit Skihasen anzubandeln.

Spanische Fliege

Dieses Insekt ist keine Fliege sondern ein goldgrüner Käfer (*Lytta vesicatoria*), der auch Blasenkäfer genannt wird. Er war in getrockneter Form als Monographie „Cantharides – Spanische Fliegen" im Deutschen Arzneibuch von 1926 beschrieben. Er enthält das stark hyperämisierend (durchblutungsfördernd) wirkende Cantharidin. Seit dem Mittelalter bis in die Neuzeit galt das aus den getrockneten Käfern bereitete Pulver als Aphrodisiakum und wurde häufig zur Bereitung von Liebesträcken benutzt.

Die alten Griechen und Römer gebrauchten das Pulver auch zum Zwecke des Mordes, da die orale Einnahme zum tödlichen Nierenversagen führt.

Sparschwein

ist die Bezeichnung für eine Sparbüchse oder Spardose in Form eines kleinen Schweins. Es ist eine Keramik, hat einen Schlitz zum Einwerfen von Münzen, ist aber meistens nicht mit einem Herausnahme-Verschluss versehen, sodass man nur durch Zerschlagen an das Ersparte gelangt.

Spatzenhirn

Wenn man annimmt, dass Intelligenz etwas mit der Größe des Gehirns zu tun hat, dann ist Spatzenhirn eine verächtliche Bezeichnung für ein menschliches Gehirn. Obwohl das Gehirn des kleinen Vogels wirklich sehr klein ist, konnten Wissenschaftler feststellen, dass Spatzen keineswegs dumm sondern ziemlich schlau sind.

Spinatwachtel
wird geringschätzig eine ältere, wunderliche, komisch aussehende, schrullige, hagere weibliche Person genannt.
Eine alte süddeutsche Redensart lautete „Spinnete Wachtel", vermutlich wurde daraus die Spinatwachtel. Der Name kann auf ihr Geplapper zurückgehen, das an den Ruf einer Wachtel erinnern mag.

Spinne
außer dem Gliederfüßler mit acht Beinen wird das Wort gebraucht zur Bezeichnung
- einer boshaften, dürren Frau (abwertend),
- eines Verkehrsknotenpunktes,
- in der Chemie, eines Vorsatzes zur fraktionierten Destillation.

Spinnenbein
ist auch eine abwertende Bezeichnung für ein dünnes Menschenbein.

Spottdrossel
Von der Vorstellung ausgehend, dass dieser Singvogel in der Lage ist, andere Vögel und Laute aus seiner Umgebung stimmlich zu imitieren, wird mit Spottdrossel ein Mensch bezeichnet, der andere verspottet, indem er sie nachäfft.

Star

Das Wort hat verschiedene Bedeutungen:

- Der Star ist eine Vogelart.
- Im Bereich der Augenheilkunde wird der Katarakt volkstümlich als Star bezeichnet.
- Eine Person, die auf einem bestimmten Gebiet Berühmtheit erlangt hat, nennt man auch Star.
- Ebenso gilt das Wort Star für eine berühmte, gefeierte Künstlerin oder deren männlichen Kollegen.

Herkunft vom englischen *star* = Stern.

Starkasten

Der Starkasten oder Starenkasten ist ein Nistkasten, den Starenvögel akzeptieren, da sie normaler Weise Höhlenbrüter sind.

Scherzhaft wird auch das kastenförmige Gerät zur Geschwindigkeitsmessung im Straßenverkehr als Starenkasten bezeichnet.

Steckenpferd

ist ein Kinderspielzeug, das aus einem langen Stock und einem aus Holz, Keramik oder weichem Material geformten Pferdekopf besteht.

Im übertragenen Sinne bezeichnet das Wort eine u.U. recht teure Liebhaberei, eine aus Vergnügen ausgeübte Beschäftigung, einen privaten Zeitvertreib.

Synonym: Hobby.

Stierblut

Erlauer Stierblut ist ein ungarischer Rotweinverschnitt aus mindestens drei Sorten, der in der nordungarischen Weinregion Eger erzeugt wird.

Der Legende nach tranken die Eger-Verteidiger bei einer Belagerung durch die Osmanen ihren Rotwein, um die Kampfesmoral zu steigern. Als die Belagerer die roten Bärte der Verteidiger sahen, glaubten sie, die Egerer hätten das Blut von Stieren getrunken, was ihnen Kraft und Entschlossenheit verleihen würde und zogen ab.

Storchenschnabel
Das Wort Storchenschnabel hat drei Bedeutungen.
- Zunächst benennt es den Schnabel des Storches,
- dann bezeichnet es eine Pflanzengattung (*Geranium*) aus der Familie der Storchenschnabel-Gewächse. Ihre Früchte tragen am oberen Ende ein schnabelähnliches Gebilde.
- Schließlich wird auch ein Zeichengerät Storchenschnabel oder Pantograf genannt, mit dem man eine Zeichnung im gleichen, größeren oder kleineren Maßstab übertragen kann.

Storchenbiss
wird ein roter Hautfleck genannt, der häufig bei Neugeborenen im Nacken oder anderen Stellen des Kopfes auftritt. Die gutartige Hautveränderung verschwindet normalerweise bis zum dritten Lebensjahr.

Streithammel
Als Streithammel wird eine Person bezeichnet, die Streit und Zank sucht und sich gerne herumprügelt.
Synonyme: Raufbold, Streithahn.

Sündenbock

Umgangssprachlich wird jemand als Sündenbock bezeichnet, dem man berechtigt oder zu Unrecht das Verschulden von Fehlern, das Verursachen von Misserfolgen, die Verantwortung von Katastrophen „in die Schuhe schiebt".

Tausendfüßer (auch Tausendfüßler)

Diese Bezeichnung darf man nicht wörtlich nehmen. Maximal hat man an einem Unterstamm der Gliederfüßer (*Arthropoda*) 750 Beinchen gezählt.

Tausendfüßer sind Tierchen mit einem in Segmenten gegliederten Körper und meist zweistelliger, höchstens dreistelliger Anzahl von Füßen.

Teddybär

Fast jedes Kleinkind besitzt und liebt dieses Stofftier in Form eines flauschigen Bärenkindes.

Zur Entstehung des Namens existieren mehrere Geschichtchen, einige amerikanische und ein deutsches.

Turteltaube

Die Turteltaube ist ein Vogel aus der Familie der Tauben (*Streptopelia turtur*).

Turteltauben werden auch umgangssprachlich Verliebte genannt, die sich wie diese Tauben verhalten und Zärtlichkeiten austauschen.

Trampeltier

ist die Bezeichnung für ein zweihöckeriges Kamel.

Umgangssprachlich wird das Wort abwertend zur Benennung eines ungeschickten, unbeholfenen, tollpatschigen Menschen benutzt.

Unglücksrabe

ist die Bezeichnung für den Überbringer schlechter Botschaften oder einen glücklosen Menschen.
Synonym: Pechvogel (s. dort).
Antonym: Glückskind.

Vogelspinne

Vogelspinnen gehören zu den Webspinnen und sind im Vergleich zu anderen Spinnen sehr groß. Sie fressen alles, was sie überwältigen können. Dazu gehören größere Insekten, wie Grillen, Heuschrecken und sogar Skorpione, kleine Echsen, kleine Nagetiere, junge und kranke Vögel. An gesunde Vögel trauen sie sich – trotz ihres Namens – nicht heran.

Die berühmte Maria Sibylla Merian hat in ihrem Werk *Metamorphosis insectorum Surinamesium* eine Szene illustriert, wie eine große Spinne einen Kolibri verspeist.

Vielleicht hat Carl von Linné deshalb für eine große Spinne die wissenschaftliche Bezeichnung *Aranea avicularia* = Vogelspinne gewählt.

Wacholderdrossel

Die Wacholderdrossel ist ein Singvogel aus der Familie der Drosseln und wurde früher Krammetsvogel genannt. Krammet ist eine alte Bezeichnung für Wacholder. Der Vogel ernährt sich im Frühling und Sommer hauptsächlich von Regenwürmern, im Herbst und Winter vorwiegend von Beeren. Darunter mögen auch Wacholderbeeren sein.

Vielleicht kommt der Name jedoch daher, dass man die früher als Delikatesse zubereiteten Vögel vor dem Braten mit gestoßenen Wacholderbeeren gewürzt hat.

Waldrappen

Mit Rappen bezeichnet man Pferde mit einem schwarzen Fell. Der Waldrapp ist jedoch ein gänsegroßer Vogel mit nacktem Kopf und gebogenem Schnabel, der zur Familie der Ibisse gehört.

Waldvogel

Der Braune Waldvogel ist ein mittelgroßer Schmetterling aus der Familie der Edelfalter. Die Weibchen werfen die Eier in niedrigem, langsamem Flug über Grasland ab. Die daraus geschlüpften Raupen überwintern und verpuppen sich dann.

Walfische

sind keine laichenden Fische sondern lebend gebärende Säugetiere, die ausschließlich im Wasser leben.

Walrat

ist eine wachsartige Masse aus den Schädelhöhlen und Rückgratknochen des Pottwals. Hauptkomponente ist Cetylpalmitat.
Walrat diente früher als Zusatz zu Salbengrundlagen sowie Pomaden und wurde in den Arzneibüchern als Monographie beschrieben.
Synonyme: Cetaceum, Spermaceti, grauer Amber.

Walross

Walrosse sind eine in den nördlichen Meeren lebende Robbenart mit großen, langen Stoßzähnen und gehören zu den Raubtieren.

Wanze

Neben dem Namen für ein Ungeziefer wird mit Wanze auch ein winziges Abhörgerät bezeichnet, das ohne Wissen der betroffenen Person(en) in einem Raum oder an irgendeinem Objekt versteckt angebracht wird.

Waschbär

Der zu den Raubtieren zählende Waschbär stammt aus Nordamerika.

Er wäscht sich nicht selbst sondern seine Nahrung, besonders, wenn er in Gefangenschaft gehalten wird.

Wasserhahn

Bekannt sind zwei unterschiedliche Bedeutungen:

Eine Absperrvorrichtung zum Öffnen und Schließen von Wasserleitungen und eine Vogelart aus der Familie der Rallen (*Gallicrex cinerea*).

Wasserratte

Als Wasserratten werden verschiedene kleine Nagetiere bezeichnet, die nicht miteinander verwandt sind.

Umgangssprachlich bezeichnet man als Wasserratte jemanden, der gerne und oft schwimmt oder badet und sich viel im Wasser aufhält.

Wasserratte ist auch eine scherzhafte Bezeichnung für einen alten, erfahrenen Seemann.

Antonym: Landratte.

Wasserschwein

ist das weltweit größte Nagetier, ein Pflanzenfresser, der gerne in der Nähe vom Wasser lebt, gut schwimmen und minutenlang tauchen kann.

Weberknecht
ist die Bezeichnung für ein spinnenartiges Tier mit extrem langen, dünnen Beinen.
Synonym: Schneider, Schuster, Kanker.
Wortherkunft unbekannt.

Weißer Elefant
auch Albino-Elefant genannt, ist eine sehr selten vorkommende Anomalie bei Elefanten. Umgangssprachlich ist ein weißer Elefant ein Objekt, das mehr Verdruss bereitet als Freude macht oder nützt.
Der Name steht beispielsweise für ein Gerät, das zu einem günstigen Preis zu kaufen ist, bei Gebrauch aber sehr hohe Folgekosten verursacht, oder für ein Projekt, das dem Menschen dienen soll, dann aber ökologischen und sozialen Schaden anrichtet
In Österreich versteht man unter einem weißen Elefanten einen Arbeitnehmer, für den praktisch keine Verwendung besteht, der aber bezahlt wird und unkündbar ist.

Weißer Rabe
Raben sind normalerweise schwarze Vögel. Sehr selten kommen aber auch weiße Varietäten vor.
Bekannter ist Weißer Rabe als Bezeichnung eines außergewöhnlichen Menschen, der sich durch sein Verhalten deutlich von anderen unterscheidet und sich nicht scheut, abweichende Meinungen zu vertreten.

Wendehals

Bezogen auf den Vogel (*Jynx torquilla*), der seinen Hals rasch und akrobatisch verdrehen kann, bezeichnet man als Wendehals einen Opportunisten, der seine Meinung bei Bedarf schlagartig ändert.

Der Begriff wurde nach der Wiedervereinigung Deutschlands oft zur Bezeichnung von DDR-Funktionären gebraucht, die sich nicht mehr an ihre Untaten erinnern wollten.

Wetterfrosch

Der Wetterfrosch ist ein Laubfrosch, dem nachgesagt wird, dass er das Wetter voraussagen könne. Dieser Irrtum geht auf die Beobachtung zurück, dass Laubfrösche bei sonnigem Wetter an Pflanzen hochklettern, weil dann auch die Insekten, die ihnen als Nahrung dienen, höher fliegen.

Wetterhahn

Der Wetterhahn ist ein Windrichtungsanzeiger, der auf Kirchtürmen und hohen Häusern zu finden ist und die Gestalt eines Hahns besitzt.

Windhund

Ganz so schnell wie der Wind ist er nicht, aber er zählt mit seinem langen, schlanken Körper nach den Geparden zu den schnellsten Landtieren der Erde.

Mit Windhund wird allerdings auch abwertend ein leichtsinniger, unzuverlässiger Mann tituliert.

Synonym: Luftikus

Wolf

Wenn beim Laufen durch Reibung eine entzündliche, schmerzhafte Stelle an der Innenfläche der Oberschenkel entsteht, so nennt man das „sich einen Wolf laufen".

Wolfgang

wörtlich genommen hieße das: Gang des Wolfes.

Wenn dieser Name auftaucht, denkt jeder an Mozart, an Wolfgang Sawallisch, an den heiligen Wolfgang, Bischof von Regensburg oder an andere bekannte Männer dieses Vornamens und niemand an die Fortbewegung des bösen Wolfs.

Und doch ist der Wolf im etymologischen Spiel. Der Name ist zusammengesetzt aus Wolf und Gang mit der Bedeutung Wehrgang. Möglicherweis haben sich „die alten Germanen" einen Wolfspelz umgehängt, der in einer Schlacht den Mut und die Kraft des Wolfes auf sie übertragen sollte.

Wolfsklaue

bedeutet eine am Hinterlauf von Hunden als Anomalie ausgebildete fünfte Klaue, auch Wolfskralle genannt.

Wolfsklaue ist ferner ein Synonym für den Keulen-Bärlapp (*Lycopodium clavatum*), dessen Name aus griech. *lycos* = Wolf und *pos* = Fuß zusammengesetzt ist.

Wolfsmilch

Mit Wolfsmilch wurden Romulus und Remus, die Gründer Roms ernährt.

Wolfsmilch ist aber auch der Name einer artenreichen Pflanzengattung (*Euphorbia*) aus der Familie der Wolfsmilch-Gewächse. Die einzelnen Spezies können sehr unterschiedlich aussehen, enthalten jedoch alle einen giftigen, stark reizenden bis ätzenden Milchsaft. In der Volksmedizin benutzt man diesen Saft, um damit Warzen zu verkümmern. Ein auffallendes Wolfsmilchgewächs ist der Weihnachtsstern (*Euphorbia pulcherrima*). Seine intensiv rot gefärbten Hochblätter werden oft für Blütenblätter gehalten. Die Blüten sind dagegen klein und unscheinbar.

Wühlmaus
Die Wühlmaus ist ein kleines Maus-ähnliches Nagetier, das unterirdische Gänge gräbt. Wühlmäuse sind eine Unterfamilie der Wühler, zu denen u. a. auch die Bisamratte und die Lemminge zählen.
Die Umgangssprache benutzt das Wort, um eine Person zu bezeichnen, die herumschnüffelt, Dinge durchwühlt und stänkert.

Zapfhahn
Absperrvorrichtung zum Öffnen und Schließen des Auslaufs von Fässern wie Bier- oder Weinfässer.

Zeitungsente
Als Zeitungsente oder Ente wird eine in der Zeitung erscheinende fälschlich verbreitete Nachricht bezeichnet, die sowohl eine bewusste Fälschung als auch eine irrtümliche Mitteilung sein kann.
Eine Erklärung der Entstehung des Namens Ente für ein lügenhaftes Gerücht geben die Gebrüder Grimm in ihrem Wörterbuch.
Eine moderne Deutung des Namens könnte daher kommen, dass nicht geprüfte Meldungen als „not testified", abgekürzt als N.T. bezeichnet wurden. Aus N.T. wurde dann Ente.

Zibetkatze

ist eine ziemlich große, bodenbewohnende Schleichkatze. Sie produziert in ihren Analdrüsen ein äußerst stark und unangenehm riechendes Sekret, den Zibet. In starker Verdünnung entfaltet der Zibet einen moschusähnlichen, angenehmen Geruch und dient deshalb zur Herstellung von Parfümen.

Ziegenbart

Zwei Objekte, deren Aussehen an den Bart einer Hausziege erinnert, sind:
- Ein männlicher Bart in entsprechender Form.
- Eine Pilzart (*Clavaria flava*) aus der Familie der Schweinsohrverwandten.

Ziegenmelker

ist ein Vogel aus der Familie der Nachtschwalben (*Caprimulgus europaeus*). Man glaubt, der Vogel würde nachts den Ziegen die Milch aussaugen, worauf diese erkranken und sterben. Diese Vorstellung ist unwahrscheinlich. Zutreffend ist eher eine andere Deutung. Wenn die Nachtschwalbe sich nachts in der Nähe von Ziegen und anderen Weidetieren aufhält, dann wahrscheinlich, um die Insekten zu fangen, die im Dunstkreis der Tiere anzutreffen sind. Der Name soll von Plinius dem Älteren stammen.

Ziegenpeter

Das ist nicht der Peter, der die Ziegen hütet, sondern ein mundartlicher Name für Mumps. Diese virale, hochinfektiöse, meldepflichtige Erkrankung bewirkt u.a. eine Entstellung der Gesichtszüge. Außerdem verursacht der geschwollene Hals ein tölpelhaftes Aussehen.

„Dumm, wie eine Ziege aussehend" ist eine Redensart. Der Vorname Peter hat den Beigeschmack eines Einfaltspinsels, eines Miesepeters.

Zimtziege
ist wie Zicke ein Schimpfwort für eine unsympathische weibliche Person. Ziege als abwertende Bezeichnung für ein weibliches Wesen ist gebräuchlich. Doch was soll dabei der Zimt? Wenn wir aber an die Redensart „Red' doch keinen Zimt" denken, dann wird klar, dass damit dummes Zeug bzw. eine dumme Ziege gemeint ist.

Zwiebelfisch
ist nicht nur ein Synonym für den Ukelei (*Alburnis alburnis*), einen karpfenartigen Fisch, sondern auch ein Terminus, den Schriftsetzer und Buchdrucker gebrauchen. Er stammt aus dem Handsatz mit Bleilettern. Wurde beim Auflösen einer gesetzten Zeile einer der Buchstaben in den falschen Setzkasten abgelegt, so musste er zur Vermeidung von kommenden Schriftsatzfehlern zurücksortiert werden. Er war dann als falscher Buchstabe (klein statt groß, fett statt mager, kursiv statt normal etc.) minderwertig und wurde „Zwiebelfisch" in Analogie zur Bezeichnung für einen Fisch von schlechter Qualität genannt.

Nachwort

In diesem Buch werden 353 Begriffe kommentiert. Wenn damit auch keine Vollständigkeit erreicht wird, die nicht beabsichtigt ist, so erscheint es doch aufschlussreich, bestimmte Relationen zu betrachten bzw. Vergleiche anzustellen. Die häufigsten Begriffe sind Wortkombinationen.

Die Anzahl der genannten Tiere reicht bis zu 18 Nennungen.

Hund – 18 mal

Katze – 17 mal

Bär und Bock – je 15 mal

Affe und Pferd – je 13 mal

Hahn – 8 mal

Ente, Gans, Hase, Wolf – je 7 mal

Kuh, Rabe, Schwein, Wurm – je 6 mal

Elefant, Esel, Schaf – je 5 mal

Fisch, Fuchs, Ochse, Schlange, Vogel – je 4 mal

Frosch, Hirsch, Krebs, Laus, Löwe, Schimmel – je 3 mal

Biber und Floh – je 2 mal

Daraus kann man schließen, dass „Hund und Katz" die beliebtesten Tiere in Metaphern und Redewendungen sind.

Weit weniger oft zu lesen sind Organe und Extremitäten von Tieren:

Auge – 7 mal

Fuß – 5 mal

Bart, Kopf, Maul, Ohr, Schwanz – je 3 mal

Haut, Zahn – je 2 mal

Wer mehr an statistischen Aspekten erfahren möchte, lese die folgenden Anlagen.

Erstaunlich ist, wie oft die Namen von Vögeln, Vogelorganen und Vogelprodukten erscheinen (Anlage 1).

Oft spielt auch die Farbe der Tiere eine bezeichnende Rolle (Anlage 2).

Wenn wir die Namen bekannter Weinlagen betrachten, entdecken wir wiederholt den metaphorischen Gebrauch von Tiernamen (Anlage 3).

Unter den Familiennamen weltbekannter Komponisten sind einige Tiernamen zu finden (Anlage 4).

Es existieren auch Titel von Opern und Operetten mit Tiernamen (Anlage 5).

Aufschlussreich sind die Bezeichnungen von Tierkrankheiten (Anlage 6).

Aus der Benennung bestimmter Tiere geht nicht hervor, dass es sich um Tiere handelt (Anlage 7).

Schätzen Sie einmal, wie viele Tiernamen weltweit zur Bezeichnung von Automobilen benutzt werden (Anlage 8).

Schließlich sollten auch die teilweise exotischen Namen von nicht alltäglichen Tierprodukten Erwähnung finden (Anlage 9).

Anlagen

1. Vögel, Vogelorgane, Vogelprodukte

Bezeichnung	Charakterisierung
Bordsteinschwalbe	Scherzhafte Bezeichnung für eine Prostituierte
Brieftaube	Vogel, der Briefe oder Nachrichten transportiert
Diebische Elster	Oper von Rossini
Eisvogel	Vogelart und Schmetterling
Entenfang	Ortsteil von Karlsruhe
Entengang	Watschelgang
Entengrütze	Wasserpflanze
Entenklemmer	Geizhals
Gänsefuß	Plattfuß
Gänsehaut	Zusammengezogene Haut
Gänsemarsch	Hintereinander-Gehen
Gänsewein	Scherzhafte Bezeichnung für Wasser
Galgenvogel	Rabe oder Gehenkter
Gashahn	Absperrung der Gasleitung
Geldhahn	Absperrung eines Geldflusses
Goldfasan	Hühnervogel oder Parteigenosse der NSDAP
Grauer Star	Katarakt
Grüner Star	Glaukom
Hahnenfuß	Pflanze
Hahnentritt	Textilmuster oder Bewegungsstörung
Hühnerauge	Hornschwielenbildung am Fuß
Krähennest	Mastkorb

Kuckuck	Pfandsiegel
Kuckucksei	Schmarotzer
Lachtaube	Scherzhafte Bezeichnung einer Frau
Martinsgans	Festessen zu Ehren des Bischofs Martin von Tours
Papageienschnabel	Pflanze
Pechvogel	Vom Missgeschick verfolgter Mensch
Pfauenauge	Schmetterling
Pfauenthron	Thronsessel persischer Herrscher
Pleitegeier	Geschäftlicher Misserfolg
Rabenaas	Schimpfwort
Rabeneltern	Schmähwort
Rabenschnabel	Waffe
Rabenschnabelbein	Brustbeinkamm der Vögel
Reiherschnabel	Pflanzengattung
Schleiereule	Nonne
Schluckspecht	Vieltrinker
Schmierfink	Schmutziger Mensch, Gewissenloser Zeitungsschreiber
Schnapphahn	Raubritter
Schnapsdrossel	Trinksüchtige Frau
Schnepfe	Prostituierte
Schnepfenflug	Weinlage in Forst an der Weinstraße
Schwalbe	siehe Fußball
Schwalbenschwanz	Rockschoß eines Fracks
Schwanengesang	Letztes Werk eines Musikers oder Dichters
Spinatwachtel	Komische weibliche Person
Spaßvogel	Lustiger Mensch

Spottdrossel	Spötter, Zyniker
Starenkasten	Geschwindigkeitsmesser im Straßenverkehr
Storchenschnabel	Pflanzengattung, Zeichengerät
Strauß	Name von Komponisten
Turteltaube(n)	Verliebte
Wasserhahn	Absperrung einer Wasserleitung
Weißer Rabe	Außergewöhnlicher Mensch
Wetterhahn	Windrichtungsanzeiger
Zankvogel	Zänkischer Mensch
Zapfhahn	Gerät zum Öffnen und Schließen von Fässern
Zugvogel	Vogel, der vor Wintereinbruch in wärmere Gegenden fliegt

2. Farbiges

Bezeichnung	Charakterisierung
Blaumeise	Singvogel
Blauschimmel	Schimmelart von Käsesorten
Gelbrandkäfer	Käfer
Goldfasan	Höherer Funktionsträger der NSDAP
Goldfisch	Jemand mit stattlichem Vermögen
Goldkäfer	Reiches Mädchen
Grauer Star	Katarakt
Grüner Star	Glaukom, Augenerkrankung
Grünschnabel	Junger, unerfahrener Mensch
Rotfuchs	Rötlich-braunes Pferd, rothaariger Mensch

Rotkehlchen	Singvogel
Rotschwänzchen	Singvogel
Schwarze Mamba	Giftschlange
Schwarze Witwe	Giftige Spinne
Schwarzer Bär	Schmetterling
Schwarzes Schaf	Menschlicher Außenseiter
Silberfischchen	Insekt
Silberfuchs	Pelz vom Silberfuchs
Weißer Elefant	Objekt, das Unkosten oder Ärger verursacht
Weißer Rabe	Außergewöhnlicher Mensch

3. Weinlagen (für den Weinbau genutzte Areale) mit metamorphischen Tiernamen (eine Auswahl)

Hahn	Bacharacher Hahn, Mittelrhein
Hasensprung	Rheingau
Katzenkopf	Sommeracher Katzenkopf, ein Frankenwein
Meerspinne	Gimmeldinger Meerspinne, bei Neustadt/Pfalz
Saumagen	Kallstadter Saumagen, Südpfalz, an der Weinstraße
Schnepfenflug	Forster Schnepfenflug, Forst an der Weinstraße
Schwarze Katze	Zeller Schwarze Katz, Zell an der Mosel
Vogelsang	Rheingau

4. Komponisten mit Tiernamen

Biber	Franz Ignaz (1644 – 1704)
Fuchs	Julius (1872 – 1916)
Fuchs	Robert (1847 – 1927)
Hummel	Johann Nepomuk (1778 – 1837)
Löwe	Carl (1796 – 1869)
Strauß	Johann (Vater, 1804 – 1849)
Strauß	Johann (Sohn, 1825 – 1899)
Straus	Oscar (1870 – 1954)
Strauss	Richard (1846 – 1949)
Wolf	Hugo (1860 – 1903)

5. Opern und Operetten mit Tiernamen im Titel

Die Diebische Elster (Giacomo Rossini)
Der Wildschütz (Albert Lortzing)
Madame Butterfly (Giacomo Puccini)
Die Nachtigall (Hans Schanzara)
Der Vogelhändler (Carl Zeller)

6. Tierkrankheiten

Bezeichnung	Beschreibung
Fuchsbandwurm	Eine Bandwurmart, die vor allem im Rotfuchs parasitiert. Wird durch den Verzehr von Waldbeeren, Pilzen oder Freilandgemüsen übertragen. Verursacht beim Menschen eine potentiell tödliche Echinokokkose.
Pferdekrätze	Eine Milbenerkrankung der Pferde mit potentieller Übertragung auf den Menschen.
Pips	Volkstümliche Bezeichnung der Atemnot, die durch schwere Entzündung des Rachenraums bei Geflügel verursacht wird.
Rinderwahn	Tödlich verlaufende Erkrankung bei Rindern, die als BSE (Bovine Spongiforme Encephalopathie) bezeichnet wird. Schwammartige Veränderung der Gehirnsubstanz, die durch biochemische Prozesse ausgelöst wird. Auf den Menschen übertragbar.
Schweinepest	Eine virale Infektionskrankheit der Schweine, als Tierseuche anzeigepflichtig. Wird nicht auf den Menschen übertragen.
Vogelgrippe	Viruserkrankung der Vögel.

7. Tiere ohne Tiernamen

Den Kiebitz, den Maulwurf und die Otter kennt man als Mitglieder von Tierfamilien. Doch wie weit sind die in der folgenden Tabelle genannten Individuen als Tiere bekannt?

Bezeichnung	Beschreibung
Bernhardiner	ein Hund
Bückling	ein zubereiteter Fisch
Dompfaff	ein Vogel
Rotauge	ein Fisch
Schwarze Witwe	eine Spinne
Tausendfüßler	ein Insekt
Weberknecht	ein Spinnentier
Wendehals	ein Vogel
Windspiel	ein Hund
Wüstenschiff	das Kamel
Zaunkönig	ein Vogel

8. Automobile mit Tiernamen

Oft handelt es sich um englische Namen.
Die Herstellerfirmen sind in Klammern genannt.

Bezeichnung	Beschreibung
Agila (Opel, Vauxhall)	lateinische Bezeichnung für Adler
Barracuda (Plymouth)	Pfeilhecht
Bee (Daihatsu)	Biene
Beetle (VW)	Käfer
Cobra (AC)	Kobra (Giftnatter)
Coccinelle (VW)	Coccinella ist der wissenschaftliche Name des Marienkäfers
Equus (Vauxhall)	lateinische Bezeichnung für Pferd, Hengst
Fox (VW)	lateinische Bezeichnung für den Fuchs
Gazelle (Singer)	Horn-tragendes Säugetier
Hawk (Humber)	Habicht
Hereford (Austin)	anpassungsfähiges, mittelgroßes Rind
Hornet (Wolseley)	Hornisse
Hummer (General Motors)	ein Geländewagen
Impala (Chevrolet)	Schwarzfersenantilope
Jaguar (Jaguar Cars)	eine Raubkatze
Mangusta (De Tomaso)	tagaktive, äußerst bewegliche, räuberische Schleichkatze

Medusa (Lancia)	lateinische Bezeichnung der Qualle
Morgan	älteste nordamerikanische Pferderasse
Mustang (Ford)	auf freier Wildbahn lebendes Pferd
Panda (Fiat)	mit den Bären verwandtes Tier
Panther (Westwinds)	eine Raubkatze der Gattung *Panthera*
Pony (Hyundai)	eine kleine Pferdrasse
Puma (Ford)	Raubkatze, auch „Berglöwe" genannt
Scorpion (Triumph)	ein gefährliches Insekt
Skylark (Buick)	Feldlerche
Stag (Triumph)	Hirsch
Stingray (Corvette)	Stechrochen oder Stachelrochen
Tiger (Sunbeam)	Raubkatze, aktuell als stark gefährdete Art eingestuft
Viper (Chrysler, Dodge)	eine weit verbreitete Giftschlange
Wasp (Wolseley)	Wespe
Wildcat (Daihatsu)	Wildkatze
Zebra (Daihatsu)	ursprünglich Wildesel, jetzt Wildpferd

9. Animalia (Nicht alltägliche tierische Produkte)

Hier geht es nicht um bekannte, geläufige Produkte wie
Bienenhonig, Bienenwachs, Gänsefett, Gänseleber, Kaviar,
Lebertran, Rindertalg, Scheineschmalz, deren Bedeutung
allgemein bekannt ist, sondern um spezifische, eigentümliche
Tierprodukte, mit originellen Namen, die z.T. als Arzneistoffe,
Farbstoffe oder Riechstoffe Verwendung finden.

Bezeichnung	Beschreibung
Amber	Ausscheidungsmasse von Walen
Bibergeil	Bibersekret
Flohsamen	Samen einer Wegerich-Art, Darmregulans
Hirschhornsalz	Backtriebmittel, hauptsächlich aus Ammoniumhydrogencarbonat bestehend
Hirschtalg	Salbengrundlage, Fußpflegemittel
Koschenille	Farbstoff der Cochenille-Blattlaus
Moschus	Sekret des Moschushirschs
Murmeltierfett	Fett mit Cortison-ähnlichen Inhaltsstoffen
Ochsenblut	Mix-Getränk
Walrat	Wachsartige Masse
Zibet	Sekret der Zibetkatze

Referenzen und weiterführende Literatur

Berger, Franz, Synonym-Lexikon der Heil- und Nutzpflanzen, Wien 1981, Österreichischer Apotheker- Verlag

Brehms Tierleben, Prisma Verlag, Gütersloh 1981

Digitales Wörterbuch der Deutschen Sprache, DWDS

Duden, Herkunftswörterbuch

Goethe-Wörterbuch

Grimm, Jakob und Wilhelm, Deutsches Wörterbuch

Mackensen, Lutz, Ursprung der Wörter, Bassermann Verlag, 2013

Roth, Hermann Josef, Wie nenne ich mein liebstes Kind, Eigenverlag, 2017

Schrader, Hermann, Bilderschmuck der deutschen Sprache in Tausenden volkstümlicher Redensarten, Georg Olms Verlag 2005

Uni Leipzig, Wortschatz-Portal, Institut für Informatik

Ebenfalls im IFB Verlag erschienen:

Hermann Josef Roth
Wortspielereien
2015. 225 Seiten. 13,50 Euro.
ISBN 978-3-942409-50-6
Wortspiele leben von bestimmten Wortgruppierungen, Mehrdeutigkeiten, Verdrehungen, Spitzfindigkeiten oder Eigentümlichkeiten der Worte und sind leicht zu erkennen. Sie zeigen die Fülle, die Schönheit, die Bildhaftigkeit und die Anschaulichkeit einer Sprache.
Der Autor kümmert sich schlagfertig und beispielreich um Wortspielereien, -sippschaften, -neubildungen und -seilschaften!

Hermann Josef Roth
Ich weiß nicht, was soll es bedeuten
2014. 242 Seiten. 13,50 Euro.
ISBN 978-3-942409-40-7
In diesem Buch sind Wörter zu finden, deren Bedeutung mit Vornamen, Berufsgruppen, Städten und Ländern, mit Pflanzen und Tieren, menschlichen und tierischen Organen, mit Farben und mit Dingen des Alltags verflochten sind.

Hermann Josef Roth
Banker und Bankerte
2013. 230 Seiten. 13,50 Euro.
ISBN 978-3-942409-35-3
Lesen Sie wie vielschichtig, überraschend und beweglich unsere Muttersprache ist! Lassen Sie sich anstecken von unzähligen Spielereien in deutscher Sprache! Finden Sie Anagramme und Metagramme, spielen Sie mit der Lautung und lassen Sie sich verzaubern von einer so reichen Sprache!